新装版

人生を変える速読法「GSR」

Generative Speed Reading

ジェネラティブスピードリーディング協会 著

きずな出版

はじめに ― 新装版によせて

本当の速読を始めませんか？

想像してみてください。
あなたが10分で1冊の本を読み終え、その内容をつかって自由にアイデアを出し発表できているところを……。

朝のコーヒーを飲む時間で、ビジネス書一冊をマスター。
電車の通勤時間に、最新のベストセラー小説を読破。
寝る前のひととき、明日のプレゼンに必要な専門書を理解する。

こんな「超人的」な能力もマンガの世界の話ではありません。

本書、『人生を変える速読法「ＧＳＲ」』は、そんなあなたの潜在能力を解く鍵となります。

情報過多時代の犠牲者になってはいけない

私たちは今、かつてない情報の津波に飲み込まれそうな時代を生きています。

２０２１年のデータによると、毎日「２・５クインティリオンバイト」という聞いたこともない単位の情報が世界中で生成されているそうです。Ｇｏｏｇｌｅでは１日に35億回の検索が処理されています。

そこに生成ＡＩブームが加わり、コンテンツは日々爆発的に増えています。

人間の脳（顕在《けんざい》意識）が１秒間に処理できる情報量はわずか１２６ビット。しかし、周囲には１秒間に１１００万ビットのもの情報があふれています。

この圧倒的な差は、私たちにさまざまな問題をもたらしています。

・集中力の低下
・高ストレス状態
・睡眠の質の悪化
・意思決定の困難さ

もしこれらの症状に心当たりがあるなら、あなたも情報過多時代の犠牲者かもしれません。

しかし、そんな中でも希望があります。

近年、この問題に対する解決策として、読書と瞑想《めいそう》が新たな注目を集めています。

2019年に「速読×瞑想」というコンセプトで本書の初版を世に送り出して以来、5年間でのべ5万人以上の方々の人生に変革をもたらしました。

英サセックス大学の研究によると、読書によって軽減されるストレスは68%です。

これは音楽鑑賞、コーヒー、ゲーム、散歩などによるストレス軽減度を上まわります。

また、米イェール大学の12年にわたる調査では、週に3時間半以上読書をする人は、まったく読まない人よりも死亡率が23％低いという驚くべき結果が出ています。

さらに、2013年6月、イギリスでは政府公認の医療システムとして、精神疾患の患者に対して「薬」ではなく「本」を処方する取り組みが始まりました。

このプログラムは「ビブリオセラピー（読書療法）」と呼ばれ、特に不安やうつ病、恐怖症、摂食障害などの一般的な精神健康問題に対して、認知行動療法に基づいたセルフヘルプの読書を提供するものです。

「速読×瞑想」がもたらす効果

読書のもつ特別な力は昔から認められていて、古代ギリシャの図書館では、扉に「魂の癒《いや》しの場所」と書かれていたそうです。

一方、瞑想も現代社会において重要な役割を果たしています。

脳の扁桃体《へんとうたい》と呼ばれる部位は、恐怖や不安などの感情をつかさどっていますが、瞑想によってその活動が抑えられ、ストレスや不安を感じにくいことが科学的に証明されています。

しかし、現実には多くの人が読書や瞑想を日常的に実践することに難しさを感じているのではないでしょうか。

2024年の文化庁の調査によると、大人の読書離れが浮き彫りになりました。

・月1冊本を「読まない」と答えた人の割合が62・6％
・「スマートフォンなどの情報機器で時間が取られる」が44％
・「仕事や勉強がよくて読む時間がない」が約39％

また、瞑想に関しても、

「どうしたらいいかわからない」

「すぐに眠くなってしまう」

「集中が続かない」

「たいくつ」

といった声がよく聞かれます。

効果が高いことがわかっている読書や瞑想。

それにもかかわらず、忙しすぎてメリットを受けられずにいる。

ここで登場するのが、「生成的速読法（GSR）」です。

GSRは、「速読×瞑想」という革新的なアプローチで、あなたの脳の潜在能力を最大限に引き出すことを目的としています。

GSRでは「速読脳」という概念を提案しています。

これは、速読方法を技術として身につけるのではなく、脳自体を「速読ができる脳」にアップデートしていくプロセスです。

脳は驚くほど柔軟で、トレーニング次第で、その処理能力を飛躍的に向上させることができます。

実際、8週間のマインドフルネス瞑想の実践で、脳の灰白質の濃度が増加することが報告されています。この灰白質とは、思考、感情、記憶、意思決定などの認知機能をつかさどっているので、私達の生活にとって極めて重要な部分です。

本書では、そのトレーニング方法を体系化し、誰もが実践できる入門書としてまとめました。

GSRが他の「速読」とは違うわけ

「速読」という言葉には、これまで多くの期待と疑問がつきまとって来ました。

しかし、本書が提案する「生成的速読法（GSR）」は、高速に読むことだけが目的ではありません。

私たちが追求するのは、脳の処理能力を向上させ、知識を意識し、創造的なアイデアを

生み出す脳の力を高めることです。

このGSRの核となる部分は、スタンフォード大学心理学博士のスティーブン・ギリガンと、NLPの第一人者ロバート・ディルツによって開発された「ジェネラティブ・ステート」にあります。

この実践的で多様性の高い瞑想状態を使い、速読に活用することで、素早く読むだけでなく、深い理解と創造的な思考を同時に実現することができるのです。

本書のメソッドにより、あなたは次のような素晴らしい効果を得ることができます。

① 10分で1冊の本を読める
② 読んだ内容をアウトプットできる
③ ストレスに強い心と体
④ AIに代替されない創造性と感性
⑤ 深い集中力が得られる
⑥ 生産性が向上する

これらは特別なことではありません。私達の脳の力を使うことで可能になります。実際に、ＧＳＲを実践された方々から多くの驚異的な成功事例が寄せられています。

経営コンサルタントの菅谷さんは、72歳でＧＳＲを習得し、1年で５００冊もの本を読破されました。「以前に他の速読を習得するために１００万円を支払ったけど挫折《ざせつ》。ＧＳＲでリベンジを果たしました」と喜びを語っています。

行政書士の阿部さんは、通常2年かかると試験勉強をわずか10ヶ月で完了し、合格率9％という難関資格に見事合格しました。資格の学校の先生になぜそんなに習得が速いのかを聞かれ「速読脳を身に着けたからです」と答えたそうです。

保育園長の益永《ますなが》さんは、ＧＳＲの実践により月１００時間あった残業時間20時間まで削減することに成功しました。

整体院院長の菱山《ひしやま》さんは、GSRにより読書速度が100倍以上向上し、年間600冊以上の本を読めるようになりました。「患者数も増え、ビジネス面での成果にもつながりました」と、仕事への好影響が報告されています。

これらの例が示すように、**GSRは年齢や職業認識、多くの人の事例の人生にとてもポジティブな変化をもたらしています。**

そして、その効果は読書の枠を大きく超えて、仕事やプライベートのあらゆる場面で発《はっ》揮《き》されているのです。

著者の私も、1000人同時に速読トレーニングを実施や、TSUTAYAさんの主催する会に登壇し、歴代3位の書籍販売を記録しました。

他にも企業研修やTVやラジオ出演させていただくなど、GSRの実践を通じて人生が大きく変わりました。

本書では、このＧＳＲの手法を誰でも実践できるよう、わかりやすく解説しています。
それによって、あなたは新しい自分と出会うことになるでしょう。
ＧＳＲの世界へようこそ。
あなたの人生を変える冒険が、いま始まります。

Contents

Chapter 1

速読ができない人は、これから先の時代で出遅れる

Chapter 2

GSRの4ステップで「速読脳」をつくる

Contents

Chapter 3

GSR式読書タイプ診断
―あなたに最適な読書スタイルを見つける方法

Chapter
4
GSRを活用し、新しいライフスタイルを手に入れる具体的手段

Contents

Chapter 5

速読や読書に関する、よくあるQ&A

ブックデザイン　池上幸一
協力　ワールドクラスパートナーズ株式会社

［新装版］人生を変える速読法「GSR」

Chapter 1

速読ができない人は、これから先の時代で出遅れる

GSRマスターは速読をしない

速く本を読むこと＝速読という定義なら、ＧＳＲにより速読ができるようになります。

ただし、それは世間一般に広まっているイメージの「速読術」とは、ずいぶん異なるものです。

「速読」と聞くと、魔法のような効果を期待している人がいます。

「どのような文章でもページをパラパラっとめくるだけで、内容が理解できてしまう」

「1分でどんな本も読めてしまう」……といったものです。

これが世間一般にある、「速読」のイメージではないでしょうか？　それが速読だというのであれば、ハッキリ言います。

「**そんな速読はできません**」

2016年に、速読業界では少なからず衝撃が走りました。

それは、カリフォルニア大学のレイナー教授が発表した論文によるものです。

論文によると、なんと**科学的に速読ができる証拠が見つからなかった**というのです。

そこでは、速読教室のトレーニングでおなじみの、

① 眼球を速く動かすこと
② 視野を広げること
③ コンピュータで文字を高速に表示すること

という方法を実験した結果、いずれも効果がなかったということです。

結論として**読む速度と理解度はイコールにはならない**というショックなものでした。

これらの要素を何か月もトレーニングさせている速読教室は、はたしてどこまで意味のあるものをおこなっているのか反証を得たいところですが、彼らに問うと、「速読はできます」というだけで、それらの疑問に答える人はいません。

速度と理解度は反比例する！

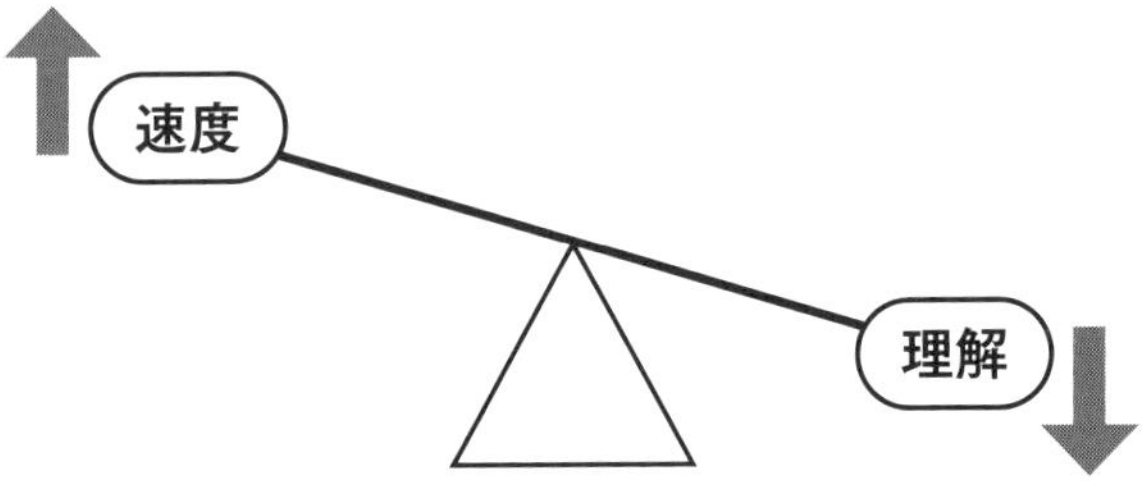

繰り返しとなりますが、理解度が高まると、読む速度は落ちます。

逆に読む速度を上げると、理解度が下がります。

これは自然に考えても、体験的にも納得する話ではないでしょうか。

こういった話をすると、「じゃあ、ＧＳＲでも速く読めないじゃないか！」という疑問が出ると思いますが、じつはＧＳＲでは速読ができるのです。

ただし、それにはいくつかの前提条件があります。

GSRを可能にする3つの前提条件

では、その前提条件とはなんでしょうか？

（1）知識の量
（2）読む本の分野に関する経験
（3）読書することへの慣れ

これらの3つが必要となります。
たとえば初めて般若心経を読んだとしましょう。
その場合、最初は仏教の知識がないため、一つひとつの語句が何を言っているのかわかりません。「五蘊皆空《ごうんかいくう》」と書かれていても、読み方もわからず、意味を考えてもわからないはずです。

そこで言葉の意味を調べて、「人という存在は、5つの集まりから成るもので、その5つの集まり、色、受、想、行、識は、すべて空である、ということ」と知ったら、ようやく何が書いてあるのかわかります。

さらに、写経をしたり、お寺に行ってお坊さんの話を聴いたり、坐禅の体験などをして、「なるほど確かに〝空〟だ」と実感をしたなら、さらに言葉の重みや、受け取り方、その世界への臨場感が違ってきます。

そのように知識と体験を積んだうえで、般若心経を10回目に読んだ場合はどうでしょう。1回目よりも慣れて、確実に速度と理解度が上がるはずです。

さらに100回目、1000回目となったら、さっと眺めるように文字を見たとしても、意味を感じながら般若心経を読み切ることができるでしょう。

これと同様に、難しい専門書であっても、その道の専門家であれば驚くほど速く読むことができます。しかし自分の専門外の分野となると、同じ専門書といってもそこまで速くは読めません。それでも続けて読むことで、その分野の知識が増えてゆき、違う分野でも速く読めるようになっていきます。

つまり私たちの脳は、認識するには知識が必要であり、そこに経験が組み合わさることにより、効率的に情報が処理できるようになるのです。

そして、効率的に処理ができるようになるには、ある一定のプレッシャーが必要となります。これは仕事で考えても同じです。たとえばレポート作成でも、早押しクイズでも、魚市場の取引でも、速くやることを求められている現場の人は、やっていない人と比べると驚異的に速くなります。

しかし、やめてからしばらく経つと、すっかり遅くなっていたりします。

つまり読書においても、常に「速く読もう」と意識していることが大事な要素の一つとなります。本を読んで情報をインプットすることに慣れている人は、読書に対して脳が効率的に情報を処理できるようになっているのです。

よって、本を速く読むには、知識の量と、速く読もうとする読書の習慣づくりが欠かせません。

その基本原理を知らずに、いくら目を速く動かしたり、視野を広げたり、文字を速く表示したものを見るトレーニングをさせたところで、速読はできず、疲れるだけということになってしまいます。

科学的な根拠のない、意味のないトレーニングをいくらやっても、速読教室に通う時間や、教材にかけたお金が無駄になるだけです。その結果「ダメだった」「できなかった」と、速読ができない自分に自信を失ったりします。

私たちは、本物の速読を世に広めていくことが必要だと考えています。

「読んだことのないジャンルの本を手に取り、バーっとページをめくるだけで、1分で内容を熟読・精読しているのと同じように、すべて理解できる！」といった幻想は一度捨てましょう。

一般的に言われている速読の〝読める〟とは、つまり効率的に飛ばし読み、斜め読みをしている方法となります。

パッと見て理解できるような認識力を上げるには、日頃からジャンルをかたよらずに多読することが影響します。

いつも読んでいる自分のジャンルだけでなく、書店でワゴンに積まれていたり、店員さんのこだわりのブースなどに置かれている本があったら、そこからランダムに選んでみることも、かたよりがなく知識が増えるために有効です。

さらに、その内容について語ったり、派生して興味がある本を読んだりすることで、脳の回路が発達し、どの分野の本でも速く読めるようになっていきます。

なぜ、あの世界最強企業は「瞑想」を重視するのか？

最初に、読む速度と理解度はイコールにならないというショッキングな話をしました。**では、もし理解度は同じだったとしても、脳の処理速度そのものを上げたらどうなるでしょう？**

ＧＳＲでおこなおうとしていることの一つに、読書をする際に、いいステート（心身状態）をつくり、脳の処理速度を速めるコンディショニングがあります。

瞑想をしたり、まるでゲームや脳トレ感覚で、素早く読んだものをアウトプットするトレーニングをすることで、楽しみながら記憶力も向上することができます。結果として知識が増え、速い読み方に慣れていきます。

GSR方式で速読トレーニングをやっている人が語る、典型的な面白い現象があります。読んだ文字数を計ると、明らかに練習前より練習後のほうが速く読めているという数字が出ているのですが、本人には〝速く読んでいるという実感がない〟のです。

私たちはこの現象を**「普通に速い状態」**と呼んでいます。

この状態では、たとえばこれまで2時間かけて読んでいた本があったとして、それが30分で読めたとしても、同じようにしっかり読んだように感じられるのです。

これは脳が効率的に働き、処理速度が上がっているので、時間を体験する感覚が変わり、本人は普通に読んでいるつもりでも実際には速くなっているという現象です。

「まわりの時間は遅くなり、逆に自分はいつも通りにしているつもりだけど、じつは速い」という不思議な体験をします。

また、ほかにも毎日の生活を送るなかで朝の準備にバタバタしなくなった、仕事の効率が上がった、相手の話がよく理解できるようになった、焦らず心が落ち着くようになった――など、生活の質が向上した報告も多数受けます。

なぜそれが可能となるのかと言うと、鍵は「ジェネラティブ」にあります。

このジェネラティブということについて、説明しましょう。

・ジェネラティブスピードリーディング：生成的速読法

ジェネラティブ（Generative）とは、日本語で「生成」と訳されます。生成とはあまり聞き慣れない言葉だと思いますが、可能態が現実態へと移行することを指します。わかりづらいのでもっと簡単に言うと、要するに「何かが生み出されること」です。

・速読＋ジェネラティブ＝ジェネラティブスピードリーディング（GSR）

私たちは単に読書速度が速くなるだけでは、あまり意味がないと考えています。GSRなら、速度が2倍程度になるのはじつに簡単なことだからです。そこにある種の瞑想状態を速読に加えることで、最高にハイパフォーマンスな脳の状態となります。

プロローグでも述べましたが、情報が必要なだけなら、今後Googleがますます発達し、能力を助けてくれます。

そして、世界中の誰もが知るGoogleという企業は、非常に高い生産性を誇り、ユーモアがあり、自由で活気にあふれた社風で有名です。

そんなGoogleでは、社員の働き方の質にこだわり最高の環境を用意しています。なんと世界各国の全社内に、瞑想ルームをつくってしまったのです。

なぜ、世界トップの企業がわざわざ時間やお金や場所をかけて、瞑想することを重視するのでしょう?

その答えは簡単です。瞑想を取り入れることで、社員の創造性、判断力、幸福度、生産性が高まり、ストレスが低減することがわかっているからです。

パソコンもたくさんアプリを使っていると、だんだん処理が遅くなります。そんなときにアプリをリセットすると、シャキッと速くなるのを体験したことがあると思います。再起動することでCPUやメモリを開放するわけです。

では、脳についてはどうでしょう。日々の忙しさに追われ、気がかりなことがあるままでは、ストレスだらけで効率が悪くなります。

そこで、瞑想をすることで脳をリセットする。これが知的労働者にはとくに必須な慣習となります。
脳をクリアにし、そこに知識を高速にインプットする読書習慣を持つことで、一見関係ない知識を結びつけて問題解決の気づきや閃《ひらめ》きを得ることもできるようになります。
私たちにとってより重要となるのは、情報のインプットよりも、その先にある創造性でしょう。この柔軟に発揮する創造性こそ、ＡＩの時代に欠かせない能力です。

ＧＳＲの上級者となると、本に書いてある情報をインプットするだけでなく、そこから自分の仕事や人間関係の改善に活かせるアイデアが湧いてきたりします。さらに、自分なりに質問を持って読むと、まるで作者と対話をしているように答えが湧いてきたりもします。

ですので、あなたに本物の速読であるＧＳＲを知っていただき、実際に体験をしてほしいのです。これからの時代に必要な能力が身につき、より人生が好転していくことになるでしょう。

これまでの速読法は、もう捨てる

世のなかを見渡してみると、速読法には、じつにたくさんの種類があります。

あなたも速読に興味を持っているのなら、「○○式速読法」「○○リーディング」など、いくつもの種類があるのを目にしていると思います。

私も学生の頃から速読にあこがれ、本を読み、速読教室の門を叩きました。

本を読み始めると、

- **3分で寝てしまう**
- **1冊読み終わるのに3か月かかってしまう**
- **読み終わる頃には何も覚えていない**

という具合だったので、読書の悩みを解消したくて習いに行ったのです。

　ところが、講座が始まり、期待たっぷりに速読の練習をするものの、どれをやっても途中で挫折してしまいました。

理由はどれも退屈、つまらない、難しくてわからない、続かないというものでした。

ある教室では、マネのできないような難しい目の動かし方を習得しないといけないと言われ、涙を流しながら眼球のトレーニングをしました。

また、ある教室では写真を撮るようにページを見開きで眺め、パラパラめくっていくと習いましたが、いくらやっても一向に読める気配がしませんでした。

　ほかの教室では、速読ができるようになるために、30回から50回も教室に通わないと身につけられないと言われました。しかも50回目が終わったあとも、回数券を更新するようなシステムもありました。それはつまり週2回通ったとしても、半年から1年は身につかないということです。とてもじゃないですが、忙しいのにそんな教室に通う時間や費用をかけていられません。

　なかには速読をする前に何十分も準備するスタイルのものがあり、「本末転倒だ。そんな時間があるなら、準備中に本が読めるじゃん！」と心で思っていました。

ですが、その当時は速読ができないのは私の能力が低く、私の努力が足りないせいだと思っていました。しかし、その考えは違っていることに気づきました。**そもそもできないことをやってもできない**のです。

冒頭にも述べましたが、レイナー教授が実験し、効果がないと言っているトレーニングをしているのにできる人は、特別な才能を持った人なのでしょう。少なくとも私には、とうていできる代物ではありませんでした。

あなたが速読に挑戦したにもかかわらず、できなかったり、長続きしなかったとしても、落ち込む必要はありません。それは仕方のないことだと思います。従来の速読教室でいくら練習をしても、速読ができずに終わる理由は大きく3つ挙げられます。

理由1：プログラムが古い

人間の脳は時代と共に変化をしています。2015年のマイクロソフトのカナダの研究チームの研究発表によると、人間の集中力は2000年が12秒、2015年は8秒になっています。

年々集中力が落ちている背景には、コンピュータの進化があると考えられています。

ＣＰＵの処理速度は日々高速化しています。10年前のデスクトップパソコンの処理速度は、いまのスマートフォンに負けてしまうのです。

そのハードウェアに対応するプログラムも、高速処理を前提としたものが当たり前です。また我々の生活も、いまではちょっと暇があればスマホを手に取り、何か気になればすぐに検索をする、高速レスポンスの時代です。

ですので、２０１５年以前の人間の集中力を前提につくられたトレーニングプログラムは、前時代的であるとさえ言えるでしょう。

現代の私たちの脳は長く待てません、それを前提に、脳を飽きさせずに最適な刺激を与えるトレーニング法が必要です。インストラクション（指示、方法）の設計が悪いと、効率が悪く、一度で読める速度もたいして上がらず、何回も通って身につけなければなりません。また、通いつづけなければ身につかないのであれば、そもそも読書や仕事にかかる時間を短くしたい人には不向きなのです。

理由2：前提を明かさない

「目的」と「知識」と「状態」によって読書速度は変わるものです。精読することや熟読することと、速読することはまったくモードが違うにもかかわらず、同じように速く読めるという幻想を持たせたまま練習すると、期待と結果が全然違うということになります。

理由3：理論が間違っている

眼球を素早く動かせば速く読めるという理論も、本当のように感じますが、じつは破綻しています。眼球を素早く動かしても、速く読むには影響しないということがわかっています。また、記憶と目の動きについての研究も多数あり、記憶をしっかりさせようとするには、目の動きは、むしろゆっくりにしたほうがいいこともわかっているのです。

目には「サッケード・サプレッション」と呼ばれる現象があります。

目が高速で振動するもので、一秒に最大5回ほど動きます。止まっているときは映像がくっきりしますが、目をこまかく速く動かすと、当然、映像はぼやけてしまいます。そして、そのぼやけた映像は脳には送られません。

ですので、眼球を速く動かしてみたところで、記憶されないどころか、そもそも脳に情報が送られないので、本の内容を理解することもできないのです。

ＧＳＲでも、一行ずつ速く見るトレーニングがありますが、あくまで見るのが目的ではなく、そこに素早く意識を置けるようになるためのステップとしておこなっています。

また右脳左脳という非科学的な議論もあります。

脳科学が進むことで、脳の機能や記憶の仕組みなどが、どんどん解明されてきました。

そのなかで、**右脳左脳という考えは神話である**と、ユタ大学のアンダーソン博士により明らかにされています。ちまたにある「論理脳ｖｓ創造脳」という俗説は、神経科学的知見からはまったく支持されないとのことです。

それにもかかわらず、「右脳で読める」という非科学的な主張をしている速読団体が多くあるのはどういうことでしょうか。

ある速読教室では、「右脳を使って一つひとつを写真のようにイメージする」と教えますが、体験者は口をそろえて「難しい、あれは無理だ！」と言います。

または、読んでいる際に理解している感覚があるものの、読み終わると何が書いてあったか思い出せず、読んだ気になって終わってしまいアウトプットができないと言います。

なかにはそのやり方で読める人もいるのですが、それは「右脳だから読めた」というわけではありません。私たちの持つ潜在意識をフルに活用できたから、脳が効率化され、偶然読めるようになったというのが正解です。

このような理由から、速読を習ってもできない人が生まれます。ストレス過多で、忙しい我々が速読を身につけるには、一部の人だけができる特別な技能としてはいけません。

誰もができるようにするには、

（1）現代人の脳の変化に応じた、飽きることのないインストラクションの設計

（2）速読の前提条件を明確にし、目的にそったテクニック

（3）神話ではなく、脳科学・心理学などの事実に基づく正しい理論

このような要素が必要となるのです。

速読はできないという思い込みと、悪い読み癖からの脱却

おそらくあなたはスマートフォンを持っていますよね。便利なので、もはや生活必需品になっているのではないでしょうか。メールやSNSや道路案内、動画撮影に編集など、一昔前のパソコンでやるような高度な処理が、手のひらサイズでできてしまいます。

しかし、まだまだスーパーコンピュータの処理能力には遠くおよびません。

さて、ここで問題です。

スーパーコンピュータをフル稼働させたとしましょう。はたして、人間の脳とスーパーコンピュータでは、どちらが優れているでしょうか。

このようなことは、たとえ興味があったとしても、現実に比べるのは至難の業ですね。ところがそんな課題に真っ向から挑んだ人たちがいます。

日本の理化学研究所と、ドイツの研究者チームが実際に実験をしてみた、興味深いデータがあります。

実験では、スーパーコンピュータ「京《けい》」を使って、人の脳1%分に相当する10兆400 0億個のシナプスで結合された神経回路のシミュレーションをしました。これは、小型霊長類であるサルの全脳と同じ規模だそうです。

その結果、なんとスーパーコンピュータ「京」を40分間稼働するのと、人間の脳が1秒稼働するのが同じだったのです。

つまり問題の答えは、人間の脳の圧勝ということです。

ということは、あなたにも生まれながらにしてスーパーコンピュータをはるかに凌ぐ、まるで夢のような処理能力を持った頭脳が備わっているのです。

実際、世のなかには脳の働きのすごさを示す例はたくさんあり、たとえば、500桁の数字を1度聞いただけで暗記してしまうギネス記録保持者がいます。

「紀元32011年8月18日は何曜日?」と聞かれてすぐに答えられたり、チャイコフスキーのピアノ協奏曲を初めて聴かされ、すぐに弾ける人もいます。

つまり、私たちの常識で考えている処理能力は、本当の能力よりもかなり低く設定されていることがわかります。これは、生物として余計なエネルギーを使わないように、処理能力にゆとりをもたせているためです。

では、もし脳の処理能力の制限を、意図的に少しゆるめることができたらどうなるでしょう？　理論上、誰でも高速で読書をすることができるようになるはずです。

しかし、理論上でわかっていたとしても、それを実際にやれるかは別問題です。

たとえば「あなたの脳は、いまの読書速度の10倍の速度で文章を読んでも、内容を理解し、記憶もできます」と言われても、どう思うでしょうか。

そうなったら嬉しいと思いつつも、「私には無理じゃないか」「そもそもできるものなのか」といったような、疑いが出てくるでしょう。

そのような疑いが出てくるのも当然です。

「これが正しい読み方である」と、両親や学校の先生から教わった影響による〝本の読み癖〟がしっかりとついているからです。

ここまで読んでみて、自分の読み方が気になると思います。

あなたも、このような本の読み癖を持っていませんか。

□読書をしながら頭のなかで読み上げる
□同じ文章を何度も読み返してしまう
□音読をする（声を出さなくても、唇が動く場合がある）

これらに一つでも当てはまるとしたら、速度は遅くなるので、その読み癖を変える必要があります。ですが、これらの読み癖は小さい頃からの習慣で当たり前となっている人が多いと思います。また、この3つの読み方をしないと本を理解できない、という思い込みを持っている場合もあります。

本を読むときに、「活字が苦手」「どうせ記憶できない」「本の内容はすべて理解しないとダメだ」というネガティブな考えが、本を読む前や、読んでいる最中に出てくる人もいるでしょう。

それは、効率の悪い読み癖をしてきた結果、「できない」という思い込みが定着したに

すぎません。本来持っている人の能力を使うことによって、その思い込みもなくなっていきます。

以前の私は、1冊の本を読むのにだいたい3か月かかっていました。

すべて理解するために1文字ずつ読み、読めたところで付箋をはさむ。翌日、続きから読もうと思うと、昨日読んだところを忘れてしまい同じところを読み返す。

読んでも読んでも、なかなかページ数が進まずイライラしました。

その結果、8割は途中で読むのをやめてしまうか、3か月かけて読み終わるかの二択しかありませんでした。

何より最悪なのは、読み終えた段階で「この本は何が言いたかったのだろう?」と内容について理解や記憶が全然できていないことでした。

本を読めば読むほど、できない自分を意識するハメになり、ますます自信を失うループにはまってしまいました。

昔から文章を読むことが苦手だし、国語が嫌いだし、物覚えも悪い。だから仕方ないか……と、あきらめの気持ちが強まっていく一方だったのです。

もちろん、いまではこのような読み癖はありません。

適切なトレーニングをおこなうことによって、1冊10分で本を読むことも可能となりました。

「これが正しい読み方である」と、あなたが思っていた読み方も、理想の読書ができていないのであれば、変化させる必要があります。

あなたの頭が悪い、そもそも生まれたときから苦手だから、といった理由で速読ができていないわけではありません。それは、あなたの思い込みです。

適切なトレーニングを受け、読み癖を変化させるだけで、あなたは本来の力を発揮させることができるのです。

「速読の壁」が、あなたを遅読にさせている

ＧＳＲのトレーニングでは、速読の技法に加えて、脳の処理能力を効率的に向上するワークと、「ジェネラティブ・ステート」という状態をつくることで速読を実現します。

2時間程度の入門編講座でも、速度が2倍以上になる方が多数います。

あまりにもあっさりと速度が上がってしまうので、「これならあっという間にできる」と、多くの人は驚かれます。

さらにその後、2日間（15時間程度）のＧＳＲトレーニングを受けることで、約３００ページの本を10分で読むことができるようになる人が多数出ます。

速読の読み方ではなく、いつもの精読をしても、2倍や3倍程度には普通になります。

そこまでのレベルになるのに何か月も通う必要がないので、三日坊主の人でも大丈夫です。

もちろん、長く続けている人は速度が安定し、よりスムーズに読めるようになっていきます。

しかし、このまま安心して速読をやめて、しばらく経つと元の速さに戻ってしまいます。これは「ホメオスタシス」と呼ばれる作用によるものです。

ホメオスタシスとは、日本語では恒常性維持機能と言われ、環境が変化しても身体の状態を一定に保とうとする生体的働きを指します。

理論上では読書速度が5倍、10倍と速くなると知っているにもかかわらず「本当にそうなるのか」「自分にはできないのでは」といったネガティブな思い込みが出てきます。

意識的には速くなるという変化を望んでいたとしても、ホメオスタシスが働き、変化前の速度に戻ろうとするのです。

これは速読だけではなく、英会話の勉強にしろ、ダイエットにしろ、何かにチャレンジをして変化をしようとする際に起こる現象です。

すると、不思議と実際には速く読めているのにもかかわらず、読めていないダメな部分を探したり、できない証拠集めを始めたりするのです。

変化をしないように「難しい」「わからない」「できない」といったネガティブな言葉やフィーリングが出てきます。

このような問題を、「速読の壁」と呼んでいます。

ホメオスタシスの提供する「速読の壁」を乗り越え、新しい状態が自分にふさわしいと、脳に慣れさせる必要があります。

そのときに、強い意志を持っている人なら、「何クソ！」と根性で乗り越えてしまいますが、たいていはネガティブな声に引きずられて速読をしなくなってしまいます。

私たちジェネラティブスピードリーディング協会は、「人間、一人では弱いものだ」という前提に立っているので、モチベーションを高く維持するように、フォローアップや読書会を開いています。

何を読んだのかお互いにシェアをしたり、短時間で何冊読めるか競ったりすることで、意欲も湧いてきます。

GSR仲間がいることはとても頼もしく、やりがいを感じるでしょう。

このように、壁を乗り越えることができれば、今度はその新しい状態を保とうとするホ

メオスタシスの機能が働きます。

その変化したハイパフォーマンスの状態こそ、私らしいと脳が認識するからです。

まず間違いなく、トレーニングをしていく際に、あなたも「速読の壁」と出会うことでしょう。しかし、それは何も問題ありません。

むしろ、ネガティブな言葉やフィーリングが出てきているということは、壁とぶつかり、あなたのスタンダードを変えるチャンスだということです。

ジェネラティブな世界では、問題はダメなこととは考えません。

出来事に対して、あなたの中心を失った状態と考えます。

問題が起こったときには、逆に前に進む資源となるのです。これについては、Chapter 2にて後述する「ジェネラティブ・ステート」で、具体的なやり方を紹介します。

本を読まない人は、真っ先にリストラされる!?

「知識は力なり」とは、イングランドの哲学者フランシス・ベーコンの格言です。

事実、ビル・ゲイツやウォーレン・バフェットなどの大富豪や、**富裕層と言われる人たちの内88%が、1日30分以上、本を読んでいます。**

一方、年収300万円前後の人の場合は、1日30分以上本を読む人の割合はたったの2%です。富裕層の読書量と、これほど大きな開きがあるのです。

本には、多くの知識や著者の人生から伝えたいエッセンスが凝縮されています。たった一冊の本から、さまざまな生き様を学ぶことができます。偉人の考え方や、態度なども疑似体験できたりするのです。

良書を何冊も読むことで、さまざまな著者の考えや文章のスタイルに触れることができます。さまざまな知識が得られるなかで、深い叡智《えいち》に触れ感動することもあります。小説であれば、感情を移入し涙を流すこともあります。

それらは、読みながら場面を想像するので、脳がとても活性化されます。

読書をすることで孤独を感じづらくなる、という研究効果もあります。物忘れが減ったり、語彙量が増えたりと、いいことずくめなのが読書です。

そのような知識の豊かな人であれば、仕事がうまくいくのも納得ではないでしょうか。

私たちも、あなたに人生で1冊でも多く本を読むことをおすすめします。所得を増やしたければ、読書の習慣を育てましょう。

これからの時代、指示待ち人間はリストラの際に真っ先に候補となります。

そういう人は、会議で意見を求められても発言ができない人で、先の可能性がないと判断されるからです。

私の友人で、Googleの教育のトップの立場だったピョートル・フェリクス・グジバチさんという才人がいます。十数カ国語を話し、さまざまな知識を持っているピョートルさんに、Googleでの働き方について質問したときの話が、印象的でした。

Googleでは、あるプロジェクトをおこなうことが決定すると、リーダーがメンバーを選定し、会議室に集められます。

ところが、そのときにいい意見を出せなかったメンバーは、声がかからなくなり、だんだんプロジェクトから外れていくそうです。

日本の伝統的な企業スタイルとは全然違うので、思わず「それって厳しくないですか？」と言ったら、明るく笑いながら「厳しいよ！」と一言でした。

ハイテクで世界を変えている一流企業の厳しさは別格なのかもしれませんが、指示を受けなければ行動できず、自ら考えることをしない人は、どのみちお払い箱の候補です。

２０１５年に日本のシンクタンクである野村総合研究所が、「10〜20年後に日本の労働人口の49％が、ＡＩやロボット等で置き換えが可能になる」というデータを発表しました。

自動運転が走り回るのは、もう間もなくやってくるのが確実です。

これからは、かなりの仕事はロボットでもできます。

そうなると、単なる情報のインプットはあまり意味がありません。必要とされるスキルは自らが効果的に学び、考えることが不可欠となってきます。

本を読むことは、まさにこの力を持つための土台となるわけですが、同じ読書でも漠然と読むのではなく、よりよい自分への質問を持って読むことで何倍も効果が上がります。

たとえば自分への質問の例として、

- **なぜ、その情報や考え方が大切と言えるのか**
- **この著者の本当に言いたいことは何か**
- **自分の解決したい悩みに対しての答えに、本当になっているのか**
- **何か新しいことを始めるヒントにならないか**
- **この話は、違うのではないか**
- **ほかの○○さんも言っていたこととつながるか**

このようなものがいいでしょう。

このような質問を持って本を読むことで、あなたの思考力が磨かれていきます。

思考することは、人類の何千年もの歴史のなかでとても価値の高いことでした。それはこれからも変わりません。

よりよい思考を持ち、よりよい人生を送るには、読書の習慣が必ず役に立ちます。

「読書」を通して、あなたが本当になりたい自分を自分でデザインし、人生を変えていきましょう。それだけの力が、本には秘められています。

スタンフォード大学博士の脳力開発法

なぜ、飛躍的に速く読めるようになる人と、そうでない人がいるのか。

私は以前、GSRとは別の速読のインストラクターを3年やっていたことがあるのですが、その当時に感じていた悩みがあります。

マニュアル通りにおこなっているはずなのに、なぜか結果にバラつきが多いのです。

「しかし、ほかに方法もないし、そういうものなのだろう……」と思っていたとき、スタンフォード大学心理学博士のスティーブン・ギリガン先生と出会いました。

この出会いは衝撃的でした。

ギリガン博士は、言語を用いない思考法や心理学の要素を応用し、潜在意識をフルに活

用することで速読を可能にする方法について、すでに研究済みだったのです。

ギリガン博士からは、さまざまなことを伺いました。

そして、これまでの学びとつなぎ合わせることで、謎がとけていきました。

それまで速読を指導し、読めるようになった人は、偶然に条件がそろってできるようになっていたわけです。

人間の認知の仕組みや、学習のモデル、記憶のしくみ、そして何よりも潜在意識と顕在意識をつなげる技術――。

「これなら速読ができる！」と確信にいたったのです。

ギリガン博士は、潜在意識についてこう答えています。

潜在意識とは、形式的時間や空間以前の、あるいはそれを超越した、形のない無限の世界に満ちた量子世界です。

私たちは新たな理想、アイデンティティ、思考、体験が必要となるとき、すべての可能性の源泉として潜在意識に向かいます。

「何もない〝無〟の状態」から、新しい可能性を創造し、その状況で前進するための可能性をいくつも示してくれます。

しかし、それは完全なものではありません。

よく誤解されますが、潜在意識のみでは知的であるとは言えません。

意を定め、フィルターや意味を創造し、潜在意識から湧き出るものがなんであれ、それを創造的に利用することができる修練を積んだ意識が必要なのです。

よって、私たちが現在の自分の状況に満足していないときや、何か新しい体験をしたいときには、いかに潜在意識とつながることができるかが、いまの状況を変える鍵になります。


この文章をまとめると、潜在意識は量子世界だということ。あなたが思ったことが、思った通りになる世界である、ということを表しています。

その際に、「無の状態」をつくり、あなたが実現したいことを創造していくことによって、自分のなかにある可能性を感じることができるようになっていきます。

そして、実現は可能である、ということです。

しかし、潜在意識とつながることによっていまの状況を変えることができる、と言われても、どうやって潜在意識とつながることができるのか、と思われると思います。

これを実現化する方法が、ギリガン博士に教えていただいた「ジェネラティブ・ステート」をつくっていくことに、ほかなりません。

「ジェネラティブ・ステート」とは、潜在意識をフルに使っていくための、心身の状態のことです。

潜在意識では自分で考えたこと、イメージしたこと、思ったことを自動的に実現させようとする傾向があります。ですから、速読に関しても同様に、理想的な読書の状態をイメージすることで、その理想に向けて動き出します。

ネガティブなイメージを持つと、そちらにも引っ張られてしまうので、内側で起こっているイメージに注意を払う必要があります。

最初は坐禅やマインドフルネスと同じように「無の状態」をつくっていき、そこに一つ

肯定的な意図を置く集中状態をつくっていきます。

ＧＳＲでは、速読を身につけていく際に、この状態を活用します。この状態をつくることで、読書に適した集中状態をつくっていきます。

読書や文章を読む際の苦手意識や、自分には速いスピードは無理だと思っているような思い込みを感じにくくなっていくのです。

これは、勉強やスポーツなどにも応用させることができます。

ＧＳＲでは、このように潜在意識を活用しながら、効率的に脳の処理速度を速めるという脳のコンディショニングをおこないます。

ですので、ただ速読ができるといったわけではなく、Ｐ63の図にあるように、ほかのさまざまな能力も身についていきます。

あなたの情報処理能力や創造性が上がることによって、資料を作成するスピードや中身の質が上がります。メールを読むスピードや返信するスピード、会議などで創造性を働かせて、いままでにはない新しいアイデアを素早く出すことができます。

そうすることで、あなたには時間がプレゼントされます。

その時間で、自分の趣味に時間を当て、家族と外出し、奥さんや子どもの笑顔を見る機会が増えます。本当にあなたが人生を充実していくための時間に活用することができるようになるのです。

もしくは、よりクリエイティブな時間に活用し、さまざまなジャンルの人と出会い、人脈をつくることもできるでしょう。

ほかにも、営業や自分のキャリアアップのために勉強する時間に使うなど、仕事をする時間に使うこともできます。そうすることで、会社員の人は社内での成績が向上し、まわりから頼られるようになり、収入アップにつながります。

経営者の人であれば、業績のアップにつながり、あなたの理想とする事業展開への速度がグンと速くなることでしょう。

GSRには、これだけの可能性が秘められているのです。

GSRで得られること

ビジネス	日常生活	自己成長
処理能力UP（収集・分析など）	コミュニケーション能力UP	資格取得
契約が決まる（交渉・会話）	家事効率UP	習慣づくり
クリエイティブな発想力	認知症予防	ストレス軽減

Chapter 2

GSRの4ステップで「速読脳」をつくる

GSRの効果を最大化するための公式

このChapterではあなたの潜在意識を使い、脳の処理速度を高めていくためのトレーニング方法をお伝えしていきます。トレーニングをおこない、最大の効果を手に入れるために大切な要素を、まずは説明します。

自分を認める×目的×処理能力＝GSRの効果

この公式に当てはめてトレーニングをおこなっていくことで、あなたはGSRのトレーニングの効果を感じ、理想の読書スピードや読書スタイルが手に入ります。

たとえば、トレーニングをおこなうときに効果を薄めるのが、ネガティブな思い込みの存在です。

・「私は学習能力が低い」という自己評価
・「読むことが苦手だからどうせ無理」という発想
・「本当にそんなことができるのか」といつも懐疑的な態度
・「すべて正しいやり方を自分ができていないとダメ」といった完璧主義

これらのネガティブな思考を持ったままでは、トレーニングの効果は薄くなります。

野球や水泳などのスポーツで、いくらいいトレーニング方法があったとしても、間違った投球フォームや泳ぎ方をしていたとすると、トレーニングで得たい本当の効果を得ることは難しくなります。

「まずやってみよう」
「自分の潜在意識を信じてみよう」
「少しずつでもコツをつかんでいこう」

「GSRを学んで○○となりたい」

と考えている人と、

「どうせ無理だ」

「俺には向いていないと思う」

「潜在意識なんてない」

と考えている人とでは、間違いなく前者の人が上達します。

ただし、ネガティブに感じていることは、ジェネラティブな状態になることで、どんどん変えることができます。

「できなかった」「失敗した」といった経験のなかには、誰かに怒られたり、悲しんだ経験もあると思います。そのネガティブな影響から失敗を恐れるようになり、だんだんチャレンジをしなくなるのです。

それは悪循環となり、自分を認めることができなくなります。

実際には、能力があってもなくても、自分という存在は尊いものです。

また能力についても、できていないのはごく一部にもかかわらず、全体ができていないように言うことが多く見受けられます。

まずは自分を健全に認める習慣を持ちましょう。そして、GSRで積極的にさまざまなトレーニングや本の読み方にチャレンジしましょう。

「できない」と感じる場面も必ずやってきますが、それは問題ではありません。問題との向き合い方で、それはむしろ資源となるのです。

相対性理論を提唱した、20世紀最大の物理学者アインシュタインも、

「あなたの常識は、18歳までの偏見のコレクションだ」

と言っています。

インドの独立の父と言われたマハトマ・ガンジーも、

「人間は思考の産物にすぎない、自分が考えたようになる」

と言っています。

これまでに、数々の偉業を成し遂げてきた偉人たちも、経験から培われた常識の枠を打ち破り、新しい自分にアップデートすることが必要だったことを伝えてくれています。

彼らは成功してきた分と比例して、失敗と直面した回数も多くあります。失敗したり打ちのめされた経験があったとしても、そのたびにまたチャレンジすることができるのは「目的」が明確だからです。より大きな目的を持つことで、挫折からの復活力が養われます。

ＧＳＲをおこない、能力を上げるのは、なんのために必要か？　その先に、どんな自分になっているか？　どんな成果を手に入れることができているか？　をイメージしましょう。より大きな目的とつなげ、明確になっていることで、あなたは継続して成果を手に入れることができます。

自分を認める×目的×処理能力＝ＧＳＲの効果

この公式を満たしたとき、あなたは自分でも驚くような効果を実感することでしょう。トレーニングの最中にも「自分を認める」「目的」を意識しながらおこなっていくことが重要なのです。

速読脳へ進化するための4ステップ

GSRは、読書が速くできるためのスキルを習得するだけではなく、効率的に脳の処理速度を速くし、さまざまな分野で応用が可能な手法です。

潜在意識を活用し、思考のスピードを超えて情報を処理していくことで、時間あたりの読書や仕事の処理速度が2倍、5倍、10倍といった効果を生み出していきます。

このように、脳の処理速度がアップデートされた状態を「速読脳」と呼んでいます。

速読脳を身につけることで、さまざまな恩恵を得られます。

たとえば、いままであきらめていた読書が面白いようにできるようになる、これまでできないとあきらめていた仕事の目標が達成できる、能力がないからとあきらめていたことにも挑戦できる、資格を取るため試験勉強がはかどる——など。

まわりからも頼りにされ、あなたの人生はいままでにないほどワクワクするようになります。バージョンアップした脳には、できることがたくさんあるからです。

そんな速読脳を得るには、4つのステップがあります。

- **ステップ1：「ジェネラティブ」状態に入る**
- **ステップ2：理解したい情報を手に入れる「センサー」を設定する**
- **ステップ3：「速読脳」にアップデートする**
- **ステップ4：五感を使ったアウトプットをする**

この4ステップは読書の技法ではなく、速読脳をつくっていくトレーニングのステップです。詳細はあとにゆずるとして、ここでは概要だけ説明します。

ステップ1：「ジェネラティブ」状態に入る

最初におこなうことは、あなたの潜在意識をフルに活用していくための状態づくりです。

前述した、「ジェネラティブ・ステート」といった状態をつくっていきます。

この状態づくりをおこなう理由は、あなたの脳の状態をクリアにしていき、「速読の壁」をゆるめていくことです。あなたがいくら速いスピードで情報を入れたところで、誰かに伝えたり、紙に書いたりしてアウトプットすることができなければ意味がありません。

しかし、意識と無意識の間にあるフィルター、ここでいう「速読の壁」が、あなたの能力を発揮することを抑えています。

速読の壁

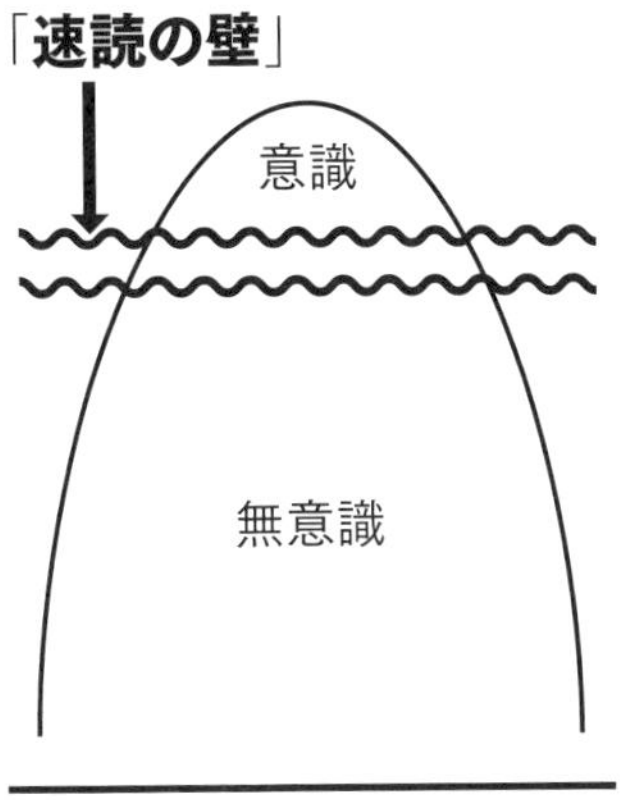

人は20歳までに約14万7千回のネガティブな言葉を浴びます。この影響で学習能力を下げ、自己評価を低くします。これがあたかも本当の自分である、と思い込んでしまっています。

しかし、本当のあなたはそれ以上の能力を発揮することができます。そのサポートをするためにジェネラティブを活用し、意識と無意識の間にある「速読の壁」をゆるめていきます。

そうすることで、あなたが速読脳をつくっていく際の抵抗感が薄れ、潜在意識をフルに使う準備ができます。

インプットとアウトプットの量が増えていくのです。

ステップ2：理解したい情報を手に入れる「センサー」を設定する

潜在意識にあなたが情報を入れたあとに、それを意識に上げていくための「センサー」を、ここで設定していきます。

センサーとは、「手に入れたい」「実現しよう」「到達しよう」と目指す目的です。この目的を設定する理由は、あなたがほしい情報を手に入れていくためです。

たとえば、ハンバーガー屋さんでハンバーガーを注文すると店員さんから出されるのは、もちろんハンバーガーです。フライドポテトを注文すればフライドポテトが出てきます。

いまはハンバーガー屋さんで例えましたが、潜在意識も同じ原則です。

あなたが注文した通りの情報を、潜在意識はあなたに持ってきてくれるのです。

「仕事の売上を上げるヒントがほしい」と設定すると、そのヒントとなる情報が目に飛び

センサーを設定する!

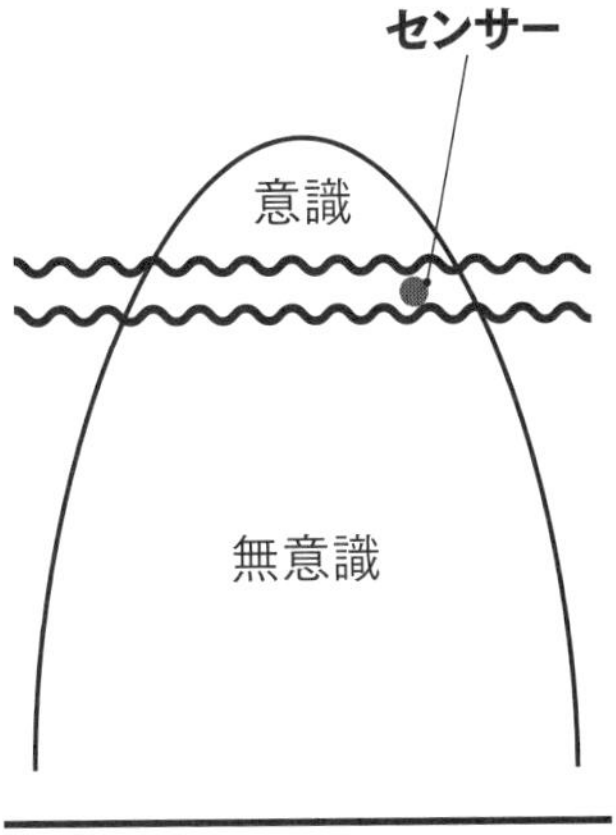

込んでくるようになります。「妻との関係をよくしたい」であれば、その解決策につながる情報が記憶されます。

この潜在意識の法則を活用するために、適切な目的を設定していきます。この目的の設定の仕方を間違えてしまうと、あなたの望む結果が得られません。

ステップ3：「速読脳」にアップデートする

読書や仕事の処理速度が2倍、5倍、10倍と上がり、そのスピードがあなたのスタンダードとなっていきます。

スピードが上がるからといって、読書や仕事の「質」を落とすわけではありません。

「読書といえば音読である」「1文字ずつ読まなければいけない」「本はすべてを理解しないといけない」といったような古い読書スタイルを手放し、あなたの処理速度を上げてい

情報

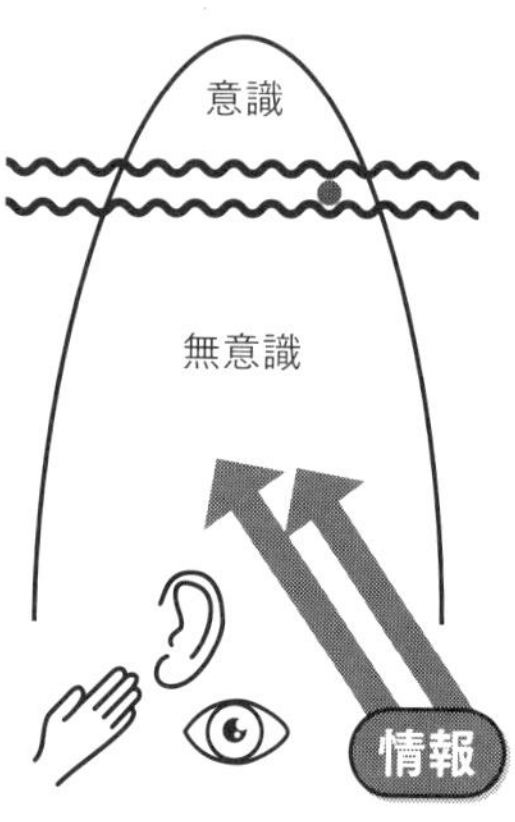

きます。

これまでは、古い習慣により遅いスピードに慣れていました。「古い習慣＝私の能力」と勘違いしていた状態です。

しかし、脳は環境に合わせて速いスピードに慣れていく特性があります。

あなたががんばって速くしようとする意識も必要ですが、ＧＳＲのトレーニング環境をリラックスして楽しんでいくことで、自然と速いスピードへと慣れていきます。

あなたに生まれつき備わった、スーパーコンピュータよりもはるかに素晴らしい潜在意識の可能性を信じていきましょう。

ステップ４：五感を使ったアウトプットをする

本を読むだけ、勉強するだけでは、片手落ちです。インプットしたことを仕事や人間関係、試験など、実際の生活に学んだことで発揮されなければ実用性がありません。

読んだ本について学んだことを、仲間と語ったり教えたりすることで理解が深まります。

速読をすると、パラパラと眺めている瞬間では、なんとなくわかったような気がします。言葉にはならないが感覚で、内容をつかめている感じがするのです。しかし、昨夜見た夢を思い出せないような感覚と似ていて、肝心のところがわからない。

これが〝潜在意識に情報は入ったが、意識に上げることができていない状態〟です。

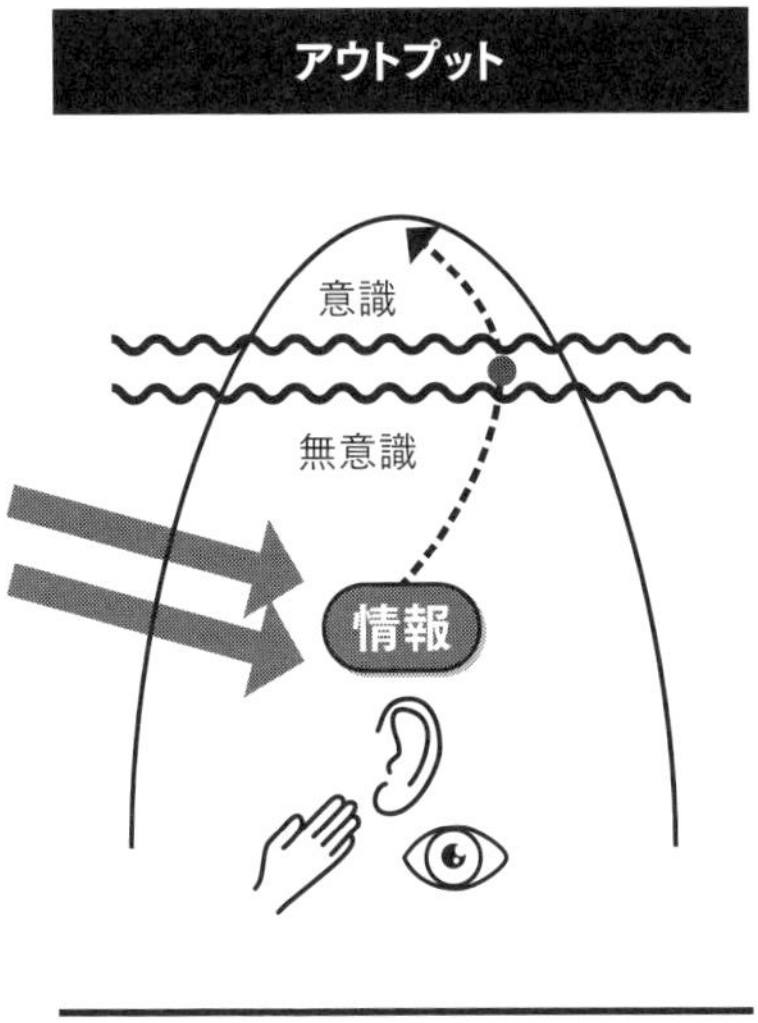

ですので、GSRでは、この潜在意識に入った情報を意識に上げてアウトプットする回路を鍛えます。
この際に使うのが、五感を使ったアウトプット手法です。
潜在意識に入った感覚的にとらえているものをアウトプットするには方法があります。
それでは、ここからは、この4つのステップについての詳細を見ていきましょう。

ステップ1 「ジェネラティブ」状態に入る

スポーツをするときには、準備運動をします。筋肉が固まった状態や、疲労している際にトレーニングをおこなったところで、本当にトレーニングによって手に入れたい効果を得ることができません。

大事なプレゼンテーションの前には、何度も話す内容を確認します。そして、人によって直前には深呼吸をしたり、握りこぶしをつくって、「よしっ！」と自分に気合を入れたり、落ち着かせたり、勇気づけたりすることでしょう。

ある一定の場面には準備が大切といったことを知っておきながら、読書や資格の勉強などの際には準備が不十分な人が多くいます。

疲れている、集中できない、ほかの仕事や人間関係のことで頭がいっぱい、そもそもやる気がない――こんな状態でいくら知識を入れたところで、効果は薄くなります。

とくに日本人は、疲れを感じている人が多く見うけられます。

このときに、「疲れ＝身体の疲労」と思い込んでる人がいます。睡眠を取り、リゾート地に行き、温泉に入るというような休息を取らないと、疲れは取れないと思い込んでいるわけです。

しかし、これらの休息を取っても疲れが取れないことがあります。

それが、脳の疲れです。

脳は、何もしていなくても、ぼーっとしていても、勝手に疲れていきます。寝ているときでさえ、休むことなく考えています。

そのため、あなたの脳の状態は、日頃の生活によって読書や勉強には向いていない状態になっています。それにもかかわらず読書をすると、「読むのが遅い」「内容が頭に入ってこない」「読みながら眠くなる」といったストレスがたまってきます。

これではさらにストレスがたまり、脳の状態がより悪くなっていき、悪循環です。向上心高く本を手に取っているのに、これでは本末転倒です。

もしくは、読書や試験に臨む前からすでに、「内容は理解できるか」「この本を読み終えるのに時間がかかるのではないか」「私は学習能力が低いからな……」といった不安や思い込みがあることによって、あなたは本来の能力を出しにくい状態となっています。

この状態から不安や思い込みを取り除き、本来の能力を発揮していく必要があります。

「自分には内容を理解することができるかもしれない」「私には可能性がある」「10倍速でも読めるかもしれない」といったことを、頭で理解するのではなく、感覚レベルで感じることで、学習効果は驚くほどに変わります。

そのために最初にGSRでおこなうことが、脳と心身の状態を整えることです。

読書や勉強をおこない、知識や情報を吸収し、創造性を発揮していくための状態づくりをしていくのです。

この状態づくりこそ、ギリガン博士から教わった、「ジェネラティブ」を活用することです。今回は、本書でも簡単におこなえる簡略版の手法をお伝えします。

ジェネラティブ・ステート（ジェネラティブな状態）に入る方法

①基本姿勢を取り、静まりを感じる

椅子に座り、背筋を軽く伸ばしていきます。手は太ももの上に置き、腕は組まずに、目を閉じ、肩の力を抜き、息をゆっくりと吐いてリラックスします。準備が整ったら、自分自身の注意が内側に向くのを感じ、静まりを感じていきます。

基本姿勢

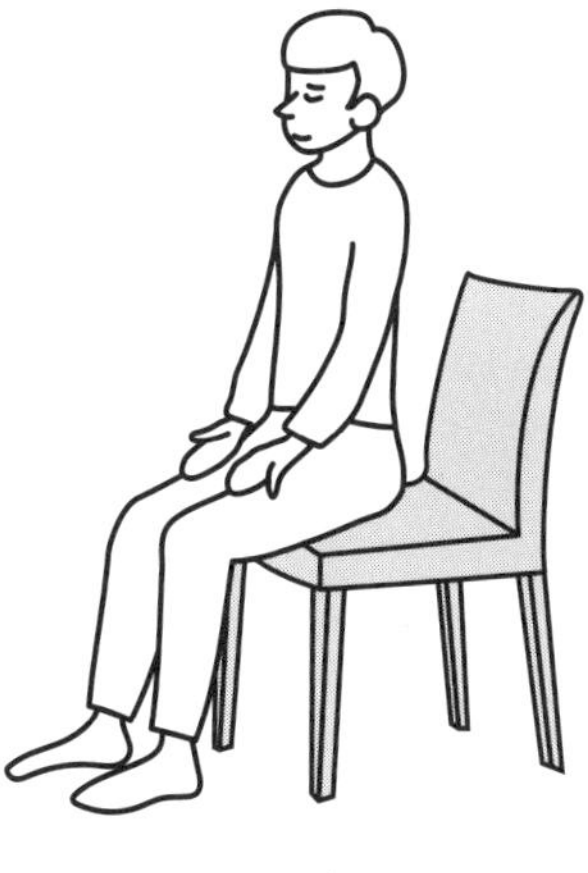

（2）思考から呼吸へと、意識をシフトする

意識が思考から呼吸へとシフトしていきます。息が入っては出て、入っては出ていくことのみに注目していきます。

（3）垂直軸を通して呼吸する

筋肉をリラックスさせ、呼吸をします。呼吸のエネルギーが背骨を通して、上下するのに任せます。息を吸ったときは、上へと上がり、頭頂を越え、はるか空の上空まで上がってきます。息を吐いたときには呼吸が下のほうへ流れ、身体を通って腰、膝を通って、足の裏も通って、地中へと降りていくというイメージをします。

（4）ポジティブな記憶をイメージする

呼吸に意識を向けながら、あなたのポジティブな記憶を思い浮かべていきます。思い出そうとするのではなく、自然と浮かび上がってくるのを待ちます。

たとえばそれは、本当に愛する人と一緒にいたときや、何か大事な仕事をやり遂げたときかもしれません。

リラックスして、深い自信を感じられるポジティブな記憶に聞きます。

何をしているのか、どこにいるのか、何が聞こえるのか、そうした感覚を交えることで、あなたがいま、そこにいるかのような体験をしながら、呼吸を続けていきます。

(5) 中心を感じる

ポジティブな記憶が身体のどこに感じられるかを感じます。そして頭の中心と、胸の中心、お腹の中心を感じ、それぞれがつながっていくのを感じます。

あたたかさを感じる場所に手を置きます。それがあなたの中心です。

この中心とつながる感覚を十分に味わいます。

この感覚を味わいながら、次のステップへと移っていきます。

ステップ2

理解したい情報を手に入れる「センサー」を設定する

あなたが知りたいと思った情報や、興味が湧いている事柄は、脳が勝手に探してくれます。周囲の環境のなかで自分に必要なことだけを選択して聞き取ったり、見たりする脳の働きがあるからです。この働きをフルに使い、読書をしていきます。

私の学生時代のことです。仲のいい友人が黄色い車に乗っていました。じつは、私はその車を初めて友人に見せられたときに「うわっ。ダサい」と思ってしまいました。

その黄色はとても目立つ色で、同じような色の車を見たことがありませんでした。

そのあとに、「こんな車に乗っている人は、ほかにいるだろうか」と疑問に思いました。

その後、衝撃が走りました。とくに意識して探していたわけではないにもかかわらず、黄色い同じ車種の車が街に増えだしたのです。

それまでに一度も見たことがない、ほかに乗る人などはいないと思っていた車を、何人もの人が乗っていました。

これは偶然のようにその当時は考えていましたが、違います。人間であれば誰もが持っている「センサー」を設定することにより、起こる現象です。

このセンサーとは、網様体賦活系《もうようたいふかつけい》とよばれる脳のフィルターのことで、膨大な情報が流れて捨てられるなかで、自分が興味を持つ情報をピックアップしてきます。

このフィルターは勝手に設定されているものですが、意識的に設定することもできます。

それは「手に入れたい」「実現しよう」「到達しよう」として目指す事柄が目的です。

あなたも「今年のクリスマスプレゼントは何にしよう」などと思った翌日から、クリスマスプレゼントの情報が入ってくるような経験があると思います。

自然と目的が設定されていた例を伝えましたが、「知りたい」「手に入れたい」「達成したい」と目的を設定するだけで、脳がその目的にふさわしい情報をキャッチしていきます。

目的を明確にすることにより、ほしい情報を手に入れられる確率が格段に上がるのです。

これは、強い目的意識であればあるほど、さらに力を発揮していきます。

本を読む前にこの目的を設定することで、意識的にも無意識的にも情報を拾うことができるのです。参考までに、目的の例を挙げました。次の項目に対する答えが、あなたの目的として使うことができます。

〈目的の例〉

「あなたがこのトレーニングが終わったあとに、どんな状態になっていたいか？」

・読書速度が速くなっていたい
・リラックスしていたい
・集中状態に入りたい
・楽しみたい
・やる気を出したい
・癒されたい
・〇〇のためにひらめきを得る
・〇〇のためのヒントを得る

・○○についてリサーチ（研究）をする

ただ知る、理解するだけではなく、そこからさらに考えを深めたり、何かを創造できるような目的を設定しておくのがコツです。あなたが意図的に目的を設定しない限り、そのときに気になっていることが目的となり、情報が勝手に集まってしまいます。

なかには、目的を設定することによって不思議な体験をする方もいます。

GSRの受講生で「悩みを解決するためのヒントを得る」といった目的を設定してから本を読んだところ、読み終わる頃には悩みがスッキリしていたとのことでした。

さらに後日、同じようにモヤモヤしていたことや、引っかかっていたことに対して解決策が頭に湧くようになり、どんどん心が開けてきた、と言われたのです。

これは、解決をしたいという目的を持って脳をGSRで活性化した影響だと言えます。

目的を設定するといっても、大げさに考える必要はなく、数秒でかまいません。この数秒によって、あなたの読書速度を速めて、より効果的に情報をとらえるセンサーが設定されるのです。

ステップ3「速読脳」にアップデートする

潜在意識の力を使えば2倍、5倍、10倍と読書速度を上げることができるようになります。これは読書に限らず、仕事やさまざまな場面での処理速度にも反映されます。

ただし、あなたにはこれまでの居心地のいいスピード感があります。それ以上の速さにすると、「理解できるのか」「これで大丈夫か」といった不安が出てきます。

人は自分の居心地のいいゾーンにいることで安心するため、無意識の内に常に自分の状態や能力を一定に保とうとします。

しかし、自分の居心地のいいゾーンは過去の自分の記憶や経験によって構成されており、そこにいつづける限りは過去に縛られ、あなたは変わることができません。むしろ、年齢と共に衰退をたどる一方です。

あなたが処理速度を上げて、新しい自分に変化していくためには、いま居心地のいいゾーンの外側に行く必要があります。そして、2倍、5倍、10倍の速度を自分の居心地のいいゾーンへと変化させていくのです。これが「速読脳」へアップデートされた状態です。

そして、「速読脳」へアップデートするためにもっとも有効なことは、速い速度に慣れることです。

運転免許を取得する講習のなかで、高速道路に行った人がいると思います。

最初は、これまで自分で出したことがないスピードを出すことに躊躇したでしょう。私も、「100キロ出して」と教習所の教官に言われたときには身体がすくみました。

しかし、いまは高速道路に出たところで、100キロを出すことに抵抗はありません。

ところが、もし「150キロ以上出せ」と言われたら、きっと怖いと感じるでしょう。

つまり、100〜150キロの間に、自分の居心地のいいゾーンがあるということです。

何度も高速道路に乗ることで速いスピードに勝手に慣れていきます。がんばって何かを工夫したわけではなく、自然とそのスピードに慣れていったのです。

速いスピードを出すことが怖く、高速道路に乗ることを避けてしまった人は、一般道路の速さが居心地のいいゾーンとなります。

このように人のゾーンは慣れによって決まっていきます。これは読書のスピードであっても仕事の処理速度であっても原理は同じです。

よって、GSRでは、本を用いることでスピードに慣れ、自分の居心地のいいゾーンをアップデートしていきます。

しかし、アップデートする際に、「これでいいのか」「変わらないじゃないか」「これに意味があるのか」「イメージできなかった」「意味が取れなかった」——このような、不安や恐れを感じることがあります。

もし、このフィーリングが湧いてきたら、あなたは居心地のいいゾーンから抜け出そうとしている最中です。それは成長中だということです。

GSRにおいて「速読脳」へアップデートする際におこなっていくトレーニングの一つに、SPトレーニングというものがあります。

文章の上と下をすばやく次々と見ていくというトレーニングですが、実際には目を動かして見るというよりも、意識を置くというほうが正しいです。

このトレーニングをおこなうことによって、あなたは自分の居心地のいいゾーンを抜け出し「速読脳」を手に入れることができます。

こちらのトレーニングに関しては、動画で説明させていただきます。

実践的に体験したい人は、次のURLから視聴してください。

https://lin.ee/w2humhr

時間の感覚というものは、個々の主観にすぎず、絶対的なものではありません。あなたの過去の記憶や経験によってできあがっているのです。

よって、時間の感覚は簡単に変化します。1日24時間は変わりません。しかし、あなたの処理速度を上げることによって、これまで48時間、72時間かかっていたことが、24時間のなかでできるようにすることは可能です。

それは無理な労働や、自分の睡眠時間を削れといっているわけではありません。あなたが、より効率よく時間を使えることで得られる成果となります。

ステップ4　五感を使ったアウトプットをする

無意識に大量に入れた情報を思い出すための、アウトプット法についてお伝えします。

簡単な質問をします。

「あなたは昨日のお昼に、何を食べましたか？」

さて、いまあなたは思い出そうとしたときに、上、横、下、どの方向を見ながら思い出そうとしていましたか？　これであなたの学習時のタイプがわかります。

人は、情報をインプットするときやアウトプットするときに、視覚、聴覚、体感覚の3つを使います。

・上を見たあなたは、視覚優位
↓資料などをしっかり読み込み、メモやノートをたくさん取ることが得意です。

・横を見たあなたは、聴覚優位
↓うるさい環境は嫌いだが、説明を聞いただけで理解することができる。

・下を見たあなたは、体感覚優位
↓資料を見たり説明を聞いたりするのは得意ではないが、実際に行動すると覚えが早い。

いまの質問については、あくまで簡易的なものです。もっと詳しく調べると、あなたにはほかの優位がある可能性もあります。

ここで知っておいていただきたいのは、このように、人には情報を取り入れるときや、発信するときに脳のクセがあるということです。

しかし、クセはあるものの、すべての入力経路を使うこともできます。そして、GSRでは「ジェネラティブ」な感覚を使ってアウトプットしていくために、体感覚を重視します。

人は創造的フロー状態、いわゆる「ゾーン状態」をつくり、集中状態に入っているときに、記憶から情報を思い出すことができます。そして、思い出すだけではなく創造性にあふれたアイデアや、解決に導くヒントを得ることができるようになります。

そのために、体感覚を使うのです。

スタンフォード大学博士のギリガン先生は、この体感覚を人間の第一の無意識と定義するほど重要視しています。あなたが気づかないうちに、体感覚は視覚や聴覚よりも、癒しや知恵を持った微細の情報をキャッチしています。

しかし、忙しい近年ではその微細な感覚に気づく人が少なくなっています。

仕事の日には朝目覚まし時計の音にびっくりして目を覚まし、カフェインで頭脳を活性化させ、家を飛び出し、1日中不安と共に大慌てで時間を過ごします。

夜はテレビやネットにつなぎ、おそらくアルコールを摂取し、だらだらと眠ってしまいます。

このような生活で、無感覚になったり、怯えたり、怒っていくなかで、体感覚は鈍くなっていってしまうのです。

そこで4ステップの1で「ジェネラティブ」な状態をつくり、体感覚とつながることで、より微細な感覚に気づけるようになります。そして、この身体の動きを使って高速で入れた情報を引っ張り出すことです。

視覚優位の方も聴覚優位の方も、「ジェネラティブ」な状態により、あなたの知恵が詰まっている身体のなかに入っている情報を、外へ発信していくことができます。

その過程であなたが不思議に感じる感覚や、驚くような場面と出会う可能性もあるでしょう。とにかく、読んだ情報をどんな方法でもいいので、アウトプットすることが大切なのです。

具体的には、P152の「資格取得や大学受験でGSRを活用する」という項目で紹介しているアウトプット法が参考になるかと思います。ぜひ試してみてください。

不可能と思っていた速度を体感する3つの要素

4ステップを試すことであなたの処理速度、読書速度は上がります。

ここまでの流れをまとめると、

① ジェネラティブ・ステートを整える

この状態をつくることによってあなたは、効率的に情報が取れる脳の状態をつくっていきます。かける時間は3分ほどで大丈夫です。

② 目的を設定する

あなたがその本を読む目的を明確にしていきましょう。

これについては、10秒ほどで決めることが大切です。

素早く、直感を頼りに決めることで、あなたが本当に求めている目的の可能性が高くなります。

③ 脳を「速読脳」にアップデートする

まずは速いスピードに慣れていきましょう。

そうすることで、あなたがいまのゾーンから抜け出し、速いことが当たり前の脳へと変化していきます。このトレーニングに関しては、前述のSPトレーニングの動画（P91参照）をお使いください。

④ 五感でのアウトプット

あなたがインプットした情報を出していきます。このときに、完璧さを求めて、すべての内容についてこだわる必要はありません。

この4ステップは速さに慣れることを優先しているので、速いなかでも、どれだけアウトプットできるかを試していきます。
最初は一文字しかわからなくてもかまいません。
この4ステップの流れに沿っておこなうことによって、あなたは速読脳を身につけることができるようになります。いままで不可能と思っていた速度を体感するでしょう。

さらに、速読脳をつくり、GSRを実践していくために大切な要素は3つあります。

この要素をつかんでいくことによって、自分にいま何をすることが大切なのかがわかってきます。

1つめは、読書速度レベルです。

この4ステップでおこなったトレーニングは、速いスピードに慣れていくためのトレーニングです。とくに「SPトレーニング」は、いままでの処理速度から速い速度へ変化することを目的としたトレーニングです。決して「SPトレーニング」は本の読み方ではありません。

そして、原則として覚えておかなくてはいけないのは、理解度と速度は反比例の関係にあるということです。速読脳をつくっていく際には、理解度を落とす必要があります。

ですので、「しっかりと理解したい」「正確にすべてを把握したい」といったスタンスで本を読み始めてしまうと、遅く読むしかなく、速読脳をつくる場合には足を引っ張ります。

まずは何より、速いスピードに慣れていくため、読書速度レベルを上げていくために4ステップをおこなうことです。

実際に本を読む場合には、次章で出てくる「ハイパークイック式GSR」をおこなうことをおすすめします。


2つめは、潜在能力発揮レベルです。


最初は誰もが「速読の壁」を持っています。この速読の壁を感じていたり、ストレスがたまっているような状態ではトレーニングの効果は低いままです。

そこで、GSRで用いていくのが「ジェネラティブ・ステート」（P81参照）です。

あなたがいままでに感じたことがない感覚器官を開き、潜在意識を活用していくために、適した心身の状態をつくっていきます。

読書やトレーニングのときだけではなく、1日のなかで何度もやることをおすすめします。そうすることで読書はもちろん、さまざまな場面で潜在能力のパワーを発揮する場面が増えていきます。

3つめは、記憶定着レベルです。

理解度100パーセントで本を読みたい。その場合は、本を読みながらメモを毎回取っていくことをおすすめします。

しかし、これでは時間がかかりすぎてしまいます。

ここで気をつけなければいけないのが、精読と速読は違うということです。

あなたの希望は、「速いスピードであったとしてもある程度理解できている」「記憶できている」といった状態だと思います。

3つの要素

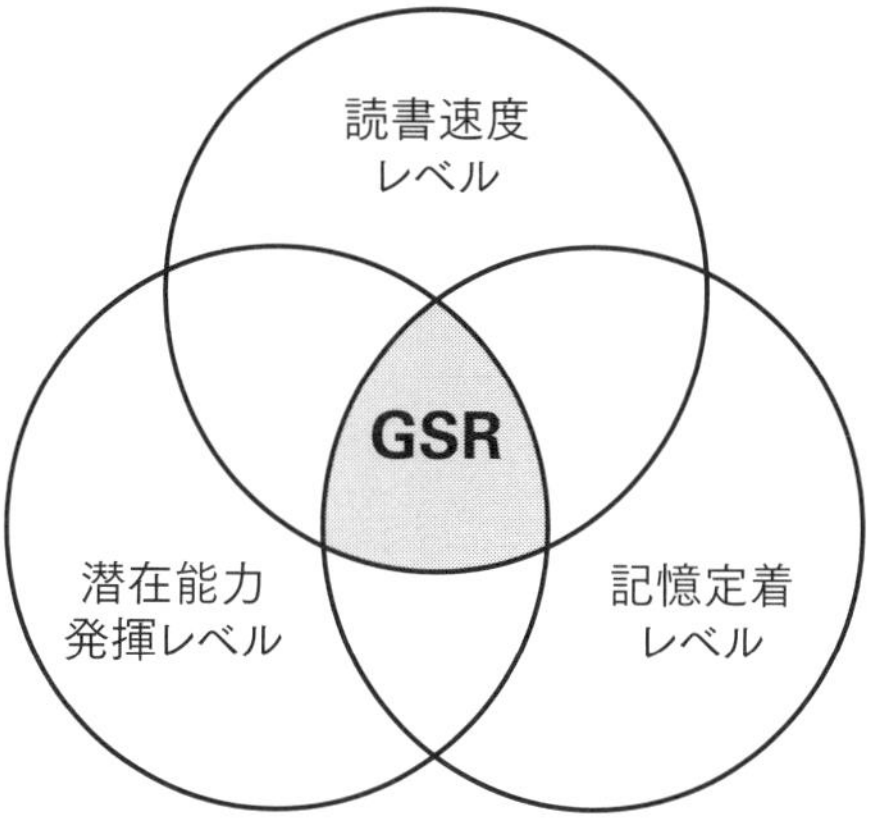

この方法の一つとして、4ステップのなかで挙げたのが五感を使ったアウトプット法となります。

そして次章で紹介する、本のおすすめの読み方を実践していくなかで、記憶定着レベルを上げていくこととつながります。

これら3つのなかで、自分は何をトレーニングしているのか、何が自分にとって必要なのか、を見極める必要があります。

一つひとつのトレーニングに意味があるので、そのトレーニングの意味を理解しながら進めていきましょう。

Chapter 3

GSR式読書タイプ診断

―あなたに最適な読書スタイルを見つける方法

必要のない本を見極めるシンプルな方法

人生のなかで、あなたが読める本の数は決まっています。

人生での平均読書量は約800冊と言われています。しかし、あなたは速読をすることでこの読書量が1000冊、50000冊になる可能性があります。

速読を体得することによって、あなたは時間と情報を手に入れています。時間はお金で買うことはできません。ですから、速読はあなたの命の長さを延ばしているとも言えます。

そして体験できる価値を多く手に入れることができるのです。

それが速読をおこなう大きなメリットの一つです。お金では買えない価値を手に入れるのです。

あなたの目的に合った良質な本と出会うことをおすすめします。数ある本のなかで、あなたがいま、この貴重な時間を使うにふさわしい本であるかどうかを見極める必要がある、ということです。

「自分には必要ない」と思った瞬間に、その本を読むことをやめる勇気が必要です。

ですので、読書をする際に必ず最初にやってもらいたいのは、あなたが必要ないと思った本を人生からはじき飛ばす、つまり読まない選択です。

このときに、速読術を使うことをおすすめします。

GSRを用いた「速読脳」のつくり方は、潜在意識を活用し、そもそもの人間の処理速度を高める脳のコンディショニングです。速読術は、「読むべき本の選択、内容の要点をつかむ」ための読書方法です。

しかし、読みたい本の分野の基礎知識がない本には使うことができません。この前提条件を踏まえておこなう必要があります。

速読術を使うことによりあなたにとって、読むべき本かどうかを見極め、選択していく方法をお伝えしていきます。

この見極め法に関しては、5分以内で終えてください。

①　ジェネラティブ・ステート（P81参照）を整え、手に取った本を読む「目的」を1分で設定する

②「プロローグ」「目次」「著者プロフィール」を見る

この3つを見るだけで、本の大枠をつかむことができます。その本の要点をつかめることも多いです。ですので、この3つを見て、「この本がどのような本か」とアタリをつけてください。このアタリが結果的に合っているか間違っているかは、どちらでも大丈夫です。まずは予測をつけることが大事です。

③　パラパラとめくりながら、ただ字を追っていく

このときには、中身の字を読もうとしないでOKです。とにかく、パラパラめくりながら全体を見て、過程②であなたがつけた本の内容のアタリと比較してください。必ず、その本を1周以上するようにします。

この3つの流れのなかで、あなたの目的に合った本なのか、自分が読みたい本なのか確認してください。

読みたい本なのかどうかは、あなたがつけた本の内容のアタリと比較してください。あまりにも予想通りの展開の場合には、読んだことがある本と似ていたり、あなたの知識に入っていたりする可能性があります。意外性があったり、身体の感覚でワクワクするような感覚がある場合は、読むことをおすすめします。

この3つの過程で、その本を読むかどうかの判断を5分で決断してください。

②の時点で自分がほしい情報がない、興味が湧かない、と判断した場合は読むことをやめてください。**これが、「見極め法」です。**

潜在意識には、パラパラめくっているだけでも情報は入っていきます。これが、「ジェネラティブ・ステート」をつくることの利点です。

GSR式読書タイプ診断

私たちは、自分自身でしっくりくる読み方というものを持っています。しかし、まったく同じ読み方をほかの人へすすめても、しっくりこない人もいます。

最初はこのことをとても不思議に思っていました。

「これで本が読めるようになった」「世界が変わった」と思っていた読み方にもかかわらず、そうでない人もいる。これはなぜだろう？　と悩みました。

しかし、それは大きな間違いだということに気づきました。

一人ひとり読書で味わいたい感情や理解したいこと、感じたい価値観が違うからです。

同じ自己啓発の本を読んだとしても、「刺激を感じてやる気が出た」「成功者のシステムがわかってよかった」「自己成長につながった」「理論を知ることができた」――といったように、感想が違います。

それは、読む前の読書で味わいたい感情や理解したいこと、感じたい価値観が違うことによって変わってきます。

ある人は1冊10分で読む人を見て、「読書はもっと正確に読むべきだ」と言うかもしれませんし、1日や2日かけてじっくり味わいながら読んでいる人に対して、「もっと要点をつかんで速く読め」と思っているかもしれません。

これは、どの読み方が正しいわけでもなく、すべて正解です。

問題なのは、あなたが求めているものとは違う読み方に縛られている場合です。

私自身、「本の内容をすべて理解しなくてはいけない」と思っていたときには、とても苦痛でした。古い読み方の価値観に縛られていたのです。

速読という観点においては、流すように読もうと、じっくり読もうと「速読脳」をつくることによって以前よりも速くなります。あとは、どれくらいの時間で終わりたいかだけです。よって、一概に一つの読書方法を押し付けることはしません。

まずは、あなたが現状で読書に何を求めているかを明確にする必要があります。そうすることで、いまのあなたの読書タイプがわかります。

それでは、いまからＧＳＲ式読書タイプ診断に入っていきます。

〈GSR式読書タイプ診断〉

「あなたが読書をすることで得たい感情、大切にしている価値観、知りたいことはなんですか？　読む本で違う場合がありますが、おおよそ、いつもどのような感じで読んでいるかで結構です。次のＡ～Ｄの項目から、一つずつ選んでください」

項目①「大切にしている価値観」

Ａ　□一つでも著者の言いたいことをつかみ、できるだけ高速で終わらしたい

Ｂ　□本の要点をつかみ、全体の構造をつかみたい

Ｃ　□著者の言っていることに共感し、その人がどんな人かを知りたい

D □理論や詳細をこまかく正確に知りたい

項目②「知りたいこと」

A □すぐにでも実践に移せる情報がほしい
B □成功している、世のなかに広まっているシステムや方法が知りたい
C □感動など、感情が揺れる物語などに触れたい
D □自分の技術向上や、知能が上がるための情報がほしい

項目③「読むことで、どうなりたいか」

A □情報を得ることで、まわりより勝っている
B □日常生活の効率化
C □本を読んだことによる満足感を得たい
D □学習し、知識が増えることが嬉しい

項目④「得たい感情」

A　□刺激や興奮

B　□自己の安定

C　□おだやかさ

D　□正確さ

項目⑤「なんのために読むのか」

A　□創造性を発揮し、実践に使うため

B　□仕事や日常生活のなかで計画をし、システムをつくるため

C　□まわりの人と共有するため

D　□自分の知りたい分野をさらに追求するため

この①～⑤の項目を通して、A～Dのなかでもっとも当てはまったアルファベットが多かったのは、どれでしょうか？（もし同数がある場合には、2つの項目からあと一つ当て

はまる記号を選んでください）。

Aが多かった場合は114ページへ。
Bが多かった場合は116ページへ。
Cが多かった場合は118ページへ。
Dが多かった場合は120ページへ。

これで、あなたの読書タイプが明確になりました。あなたの価値観に合った読書タイプ、そして、ほかのスタイルも確認することをおすすめします。

普段の読書を通じても速読脳を鍛えていきたい、という場合には、タイプも関係なくP122の「ハイパークイック式GSR」がおすすめです。この読み方をおこなうことによって速読脳を鍛えることにもつながるので、まずはひたすら速読脳に徹したいという場合にはこちらをおこないましょう。しかし、自分のタイプとのギャップも生まれる可能性があるので、必ず自分のスタイルを踏まえたうえで、チャレンジしてください。

A「アクションタイプ」

〈アクションタイプの特性〉

GSR式読書タイプ診断で、Aが多かったあなたは「アクションタイプ」です。

アクションタイプのあなたは、迅速な「行動」が何より大切と考えるタイプ。ワクワクすることを好み、高揚感に包まれて行動することを望みます。

読書をすることで「即実践に活かし、どれだけ速くほしい結果を手に入れられるか」をとても大切にします。

実際に成功している方法やノウハウを知った瞬間に、行動するエネルギーがあなたにはあります。あなたは、とにかく得た知識を行動に移すスピードが素晴らしく速いです。

なので、リーダーとなり、まわりの人を引っ張ることに長けています。

あなたには、P122の「ハイパークイック式GSR」がおすすめです。

〈アクションタイプのチャレンジポイント〉

チャレンジすべきポイントは、仕事などで活かすことや、まわりへ伝えることを考えたときに、もう少し全体の要点や詳細をこまかく知ることです。

あなたの頭のなかでは納得していたとしても、まわりの人にとってはもっと詳細が知りたかったり、わかりやすくまとめてほしかったりする場合があります。同じアクションタイプやシステムタイプには伝わりますが、ほかのタイプには伝わらないことがあります。

そして、自分ではわかっていたつもりでも、深く突っ込まれるとわからない、といったことが出てくることでしょう。

そんなあなたには、P127の「ポイントピックアップ式GSR」にチャレンジすることをおすすめします。全体の構造と、知りたい目的に沿った内容の要点を絞って頭に入れることができます。以前よりも増して、深い知恵が得られることでしょう。

B「システムタイプ」

〈システムタイプの特性〉

ＧＳＲ式読書タイプ診断で、Ｂが多かったあなたは「システムタイプ」です。

システムタイプのあなたは、システマティックに物事を考え、広い視野でたくさんの要素から物事を組み立て、戦略を練ることができるタイプ。

読書をすることで、「仕事や生活を効率化し、安定したシステムをつくる」ことを大切にします。

このシステムや戦略であれば会社でいままで以上の結果を出し、多く広く価値を提供できる。自分の生活リズムが安定し、ルーティンが組めている。こういったときに幸せを感じるので、それに見合う情報を手に入れたいと思っています。

システムタイプの人は、本を要約し、誰にでもわかりやすく伝えることを得意とします。そして、本の中身を応用し、会社の仕組みなどもつくることができる素質があります。

ですので、システムタイプのあなたには、P127の「ポイントピックアップ式GSR」がおすすめです。

〈システムタイプのチャレンジポイント〉

チャレンジすべきポイントは、いつも効率的に頭を使いがちなので、自分から湧き上がってくる感覚を楽しむような読書をおこなうといい、ということです。

あなたの癖として、効率的に物事をおこなえていない人や、無鉄砲に何も考えず突っ走ってしまう人を見るとイライラすることがあるでしょう。

しかし、あなたがイライラするようなことが、結果的には効率的で大切であることもあります。本でも、情報以上に伝えたい何かが著者にはあるかもしれません。

そんなあなたには、P132の「ソマティック式GSR」をおすすめします。いままでの効率に加えて、創造性や感覚からくる素晴らしいアイデアが湧くことでしょう。

C 「コネクトタイプ」

〈コネクトタイプの特性〉

ＧＳＲ式読書タイプ診断で、Ｃが多かったあなたは「コネクトタイプ」です。

コネクトタイプのあなたは、本を読むことで心の充実感を手に入れ、感情が満たされることを得ようとしています。満足、愛、貢献、自然、人の絆といったことに価値を見いだすタイプ。

読書をすることで、「どれだけ満足できたか、共感できたか」を大切にします。

読書は、人と会話をすることと同じ効果があります。あなたはとても人間関係を重視しますので、読書をすることで著者と会話をして、どれだけ共感できたか、わかってあげることができたかを大切にし、それができると満足します。そして、その内容や自分の感じたことを人に伝え、誰かの役に立つことで幸せを感じることでしょう。

ですので、コネクトタイプのあなたには、P132の「ソマティック式GSR」がおすすめです。

〈コネクトタイプのチャレンジポイント〉

チャレンジすべきポイントは、本の内容や得た情報を誰かに伝えるときに、長くなる傾向があるので、友人などに要点をしぼったうえで感想を伝えることです。

仕事などで人に伝え、本の内容を応用することがあると思います。そのときにはやはり、その著者が何を伝えたいのか、自分にとって何が活かせるポイントなのか、などを明確にしていく必要があります。

そんなあなたには、P127の「ポイントピックアップ式GSR」にチャレンジすることをおすすめします。あなたのタイプを活かすとすると、特定の○○さんの役に立つにはどんな情報がいいのか、というように、まわりの人を目的にすることで要点をつかみやすくなるでしょう。

D「ナレッジタイプ」

〈ナレッジタイプの特性〉


ＧＳＲ式読書タイプ診断で、Ｄが多かったあなたは「ナレッジタイプ」です。

ナレッジタイプのあなたは、本を読むことで知識欲を満たし、学習することが大好き。新規性、真実、理論、科学などを学びデータとして頭にためていくことを好むタイプ。

読書をすることで、「自分の頭にはない、新しいデータを知る」ことを大切にします。

あなたはすごく物知りで、その分野について聞いたらスラスラと答えてくれることでしょう。学校に必ずクラスに一人はいた「虫博士」や「電車博士」のような存在です。

ナレッジタイプのあなたには、Ｐ１３６の「リンク式ＧＳＲ」がおすすめです。

〈ナレッジタイプのチャレンジポイント〉

チャレンジすべきポイントは、スピードです。

ナレッジタイプのあなたは、おそらく理解したい、知識を得たいと思っている半面で、読書スピードが遅いと思われます。理解と速度は反比例にあります。あなたにとって、「速読脳」を身につけることも、ハードルと感じていることでしょう。

しかし、一生の時間は限られています。この限られた時間のなかで、多くの情報に触れていただくためにも、スピードを速めていくことがポイントです。

そして、あなたは知識を得ることで満足することが多いと思います。ですので、誰かに伝えたり、ＳＮＳなどに要点をまとめて投稿したりすることをおすすめします。あなたのその素晴らしい知識を知りたい方が、大勢いるはずですから。

そんなあなたには、Ｐ１２２の「ハイパークイック式ＧＳＲ」にチャレンジすることをおすすめします。

いままでの知識などの奥深さに加えて、読書の時間を速くし、素早くまわりの人にその本の要点を伝えることもできるようになります。まさに、「知の巨人」となるでしょう。

1冊10分以内で読書「ハイパークイック式GSR」

1日のなかで、10分空けることができる瞬間を思い浮かべてください。

たとえばお昼休みのご飯のあとに、家で積読になっていた本を会社で読書。

まわりの人がタバコを吸ったり、まだランチの延長で喋っていたりする間に、あなたは読書することができます。

読書をするだけで集中力を高め、思考力を高めるので、あなたのまわりの人に午後のスタートで差をつけることができます。

このように、あなたがたったの10分で本を読むことができたら、1日をより有意義に使うことができるようになります。

この10分読書では、本から一つの学びを得ることを心がけておこなってください。よく著者の方や講演会をおこなっているような方たちは、私の本や講演会のなかから一つ、学びとして日常生活に活かしてくださいとすすめています。

数々の幕末の志士や明治維新の立役者を育て、「松下村塾」を立ち上げた吉田松陰も、読書をすることをすすめていました。そして、1冊の本から一つ学ぶことを推奨しています。1日で一つでも学ぶことができたら、1年で365の学びになることの重要性を伝えつづけていました。

それでは、10分間読書の手順をお伝えします。

最初の5分は「見極め法」（P104参照）を使います。ですので、実質残りの5分で何をするかについてお伝えします。

手順1 見極め法をおこなう。（5分）

手順2 見極め法で本の内容のアタリをつけました。そのなかで、これはアタリと違ったと感じた部分や、興味を持った部分を読んでいきましょう。多かった場合は、せいぜい2つに絞っていきましょう。

どうしても気になる人は、ほかの気になった箇所は付箋を貼る、もしくは角を折り曲げて位置を明確にしておきます。(3分)

手順3

覚えている内容を紙に書き出していきます。このときに、文章ではなくても大丈夫です。単語や、連想されたキーワードで構いません。とにかく必死で思い出して紙に書いていきましょう。

その内容が合っているかどうかを気にすることよりも、必死に思い出して書くことが大切です。そして、中身の内容に対する感想も織り交ぜながら書いていきましょう。

人はインプットをしているときに記憶はしません。感情をリンクさせながら、アウトプットしていくときに記憶していきます。

小さい頃でも、楽しいことや悲しかったことなどを覚えているのは感情がひも付

いているからです。(1分30秒)

手順 4

そして最後に、もう一度自分のジェネラティブ・ステート(P81参照)を感じてください。そのうえで、「私がこの本から最大の学びになったことは、〇〇〇です」と一言でまとめてノートに書いてください。

このときに、頭で考えてうまくまとめようとしないでください。

そして、できるだけシンプルにしましょう。

「〇〇で、〇〇だったから、〇〇も大切で、だから……」といったようにつなげるのではなく、一言でまとめてください。

最後は感覚に任せて、出てきた言葉をそのまま書きます。

「なぜこの言葉が出てきたのか?」と、自分でも驚くような言葉が出てくることもあると思います。しかし、いまのあなたにとっては、その潜在意識から出てきた言葉が必ず必要なことです。(30秒)

この読書の方法を「ハイパークイック式GSR」と言います。

時間がないときや、まだ読書に慣れておらず長時間読むことに抵抗がある人には、とくにおすすめです。

何度も言いますが、私は、昔は本の内容はすべて理解しなくてはいけないと思い込んでいました。このときには、読書が苦痛でたまりませんでした。ですが、いまではこのハイパークイック式GSRを使うことにより、読書が楽しくてたまらなくなりました。

一つでもその本から学び、あなたの人生に影響を与えたのであれば、その本の価格以上に読んだ価値があります。長い時間をかけて、苦痛を感じてしまうような読書は逆効果です。時間を無駄にするのはやめましょう。

30分以内で要点を知る読書「ポイントピックアップ式GSR」

あなたの1日のなかで、30分空く瞬間を思い浮かべてください。

たとえば会社への通勤電車のなかで、積読になっていた1冊を読書。

通勤時間が30分とすると往復で1時間、1年の平均平日が243日なので、合計243時間も電車に乗っています。もし往復で2冊本を読むことができれば、あなたは年間486冊も本を読むことができます。

たくさんの知識を得ることは、あなたの理想を叶えることにも大きく影響します。

電車の乗客には、大きく分けて主に3種類の行動パターンがあります。

(1) ぼーっとする、寝る

(2) スマホや携帯ゲーム

（3）読書、仕事、勉強

あなたは、どこに当てはまるでしょうか。

ちなみに、この電車のなかでの過ごし方でも年収の差が出ています。

オウチーノ総研の調査によると、通勤電車でビジネス本や新聞を読む人は、年収３００万円以下の人に比べて、年収７００万円以上が3倍以上の割合で多いことがわかりました。

いかに効率よく電車の時間を有効活用することができるかに、頭を使っているのです。

それでは、1冊30分以内の読書をおこなうための手順をお伝えします。

最初の5分は「見極め法」を使います。ですので、実質残りの25分で何をするかについてお伝えします。

なお、表示時間は最大時間の目安です。時間が短く終わるぶんには大丈夫ですが、表示の時間までには終わっていきましょう。

ここでの読書法は、全体の要点と自分の知りたいことを知るための読書法となっています。すべて記憶したいといった完璧主義は手放していきましょう。

手順1

見極め法をおこなう。

手順2

見極め法で本の内容のアタリをつけました。そのなかで、これはアタリと違ったと感じた部分や、興味を持った部分があるページに付箋を貼る、もしくは角を折り曲げて位置を明確にしておきます。また、アタリと違う部分や、興味を持つ部分が見つからない場合は、見つけるまで続けてください。

見つけた部分ごとで、読み終わるたびに、内容の要点と感想を携帯のメモやノートに記入しておいてください。

感想も書く理由は、アウトプットしていくときに、人は感情をリンクさせながら記憶していくからです。小さい頃でも、楽しいことや悲しかったことなどを覚えているのは、感情がひも付いているからです。(15分)

手順3

自分のメモしたことを見直して、何が書いてあったかを必死に思い出す。この必死に思い出すことが記憶へとつながっていきます。思い出せない場合も粘りましょう。どうしても思い出せない部分に関しては、もう一度本を確認していきましょう。本を確認するまでは、2分は粘ってください。

思い出したことが、本の内容と合っているか間違っているかを気にすることはありません。むしろ間違えて、書いてあることを確認していくことが学びになります。間違えることにより、記憶率は高まります。(9分)

手順4

そして最後に、もう一度自分のジェネラティブ・ステートを感じてください。そのうえで、「私がこの本から最大の学びになったことは、〇〇です」と一言でまとめてノートに書いてください。

このときに、頭で考えてうまくまとめようとしないでください。

そして、できるだけシンプルにしましょう。

「〇〇で、〇〇だったから、〇〇も大切で、だから……」といったようにつなげるのではなく、一言でまとめてください。

最後は感覚に任せて、出てきた言葉をそのまま書きます。「なぜこの言葉が出てきたのか?」と、自分でも驚くような言葉が出てくることもあると思います。しかし、いまのあなたにとっては、その潜在意識から出てきた言葉が必ず必要なことです。(1分)

この読書法を、「**ポイントピックアップ式GSR**」と言います。全体の要点をとらえ、的確にあなたが読む本から得たいことを抜き出していく際にはおすすめです。

私は、最初に「ハイパークイック式GSR」で読書をします。そして、さらに知りたいと思ったり、この本は私に必要なことがあると感じた場合に、2周目としてこの方法を使います。

合わせ技にして、30分以内には読書+アウトプットを終えます。このように、あなたに合った読書スタイルを身につけることができるようになります。

感情・感覚を楽しむ「ソマティック式GSR」

GSRでは、読書の最中に「これは正しい」「間違っている」というように、頭のなかで自己判断をすることは無意味です。ジェネラティブは、正しい、間違っている（白か黒か）の世界ではなく、そのどちらも同時に存在している世界だからです。

ですので、もしあなたが著者とまるで対話をしているかのような感覚を感じられたとき、あなたはリラックスした超集中状態に入っているということです。

これは、頭のなかで正しいまたは間違っている、といった判断をすることではなく、ジェネラティブな状態を楽しむことによって引き起こされます。

リラックスした超集中状態に入り、よりジェネラティブな状態を楽しんでいきましょう。

ここでの読書法は、あなたの悩みを解決し、自分自身に湧いてくるさまざまな感覚を楽しむための読書法となっています。「内容を理解したい」といった概念は捨てて、感覚の変化と著者との対話を楽しんでいきます。

手順1 ジェネラティブ・ステートをつくります。

手順2 読書前に問いを立てます。この問いは、本の内容に関連したものでなくてもOKです。(例：現状の集客に悩んでいる。突破口のヒントを知りたい。自分の心が癒されるための、ひらめきがほしい。など)

手順3 文字を見ていくように読書をします。
著者の先生が何かメッセージを発しているような感覚を感じられるかもしれません。そのときは、「興味深いなぁ」とメッセージを受け取りましょう。
読書をしながら、何か情景やイメージが浮かぶかもしれません。そのイメージを楽しみながら、十分に感じながら、進めていきます。

手順4

読書をしながら、何か自分の身体の変化に気づけるかもしれません。「肩が張ってきたなぁ」「お腹のあたりがあたたかいなぁ」など、身体の変化に意識を向けることで、また何か気づきや新しい発見があるでしょう。身体からのメッセージを感じてみましょう。

手順5

読書終了。意味がわからなくてもOK。思うままに身体を動かしてみましょう。

そこで浮かんでくる言葉を発することも、何か気づきとなるかもしれません。

最後に、もう一度自分のジェネラティブ・ステートを感じてください。

そのうえで、「私が立てた問いに対する答えは、〇〇です」と、ノートに書いてください。

このときに、頭で考えてうまくまとめようとしないでください。

そして、できるだけシンプルにしましょう。

「○○で、○○だったから、○○も大切で、だから……」といったようにつなげるのではなく、一言でまとめてください。

最後は感覚に任せて、出てきた言葉をそのまま書きます。

「なぜこの言葉が出てきたのか?」と、自分でも驚くような言葉が出てくることもあると思います。しかし、いまのあなたにとっては、その潜在意識から出てきた言葉が必ず必要なことです。


この読書法を、「**ソマティック式GSR**」と言います。

あなたの直感や創造性などの感覚を磨き、よりストレスフリーな毎日を過ごしてもらうための読書法となっています。

いままでにない読書に対する満足感が得られ、感動するかもしれません。自分の感覚を信じ、さらなるジェネラティブな世界を感じていきましょう。

2冊の本の内容をひも付ける「リンク式GSR」

数日前に名刺交換で出会った人とたまたま街で出会い、ご挨拶。

しかし問題が発生。名前がどうしても思い出せない。必死に考えても思い出せない。こんなときに、もっと記憶力がよかったら……と思うこと、ありませんか？

読書でも同様に、たとえば営業についての本を読み、勉強しました。いざ営業の場面で困った場面が出てきたときに、フッと本で対処法が書いてあったことを思い出す。

しかし、肝心な中身について、何が書いてあるかが思い出せない。

読んだことは覚えているが、忘れてしまった……といったような場面に、あなたも出くわしたことがあるかもしれません。

本を読んだからには一つでも多くのことを記憶しておきたい。ここぞ、というときに思い出すことができる状態になりたい。こんな願望があると思います。

その想いを実現していくためのポイントは、「ひも付けて学習する」ことです。人間の記憶は単体で蓄積されるのではなく、ほかの記憶と結びつけられて蓄積されていきます。たとえば「給食」と聞いたら、あなたは何が思い浮かぶでしょうか。揚げパンやソフト麺、牛乳などが思い出されることでしょう。これが「給食」にひも付いて蓄積されている記憶です。このようにひも付けていき、自分の知りたいことをより多く、正確に記憶していくための読書方法をお伝えしていきます。

いまから説明する読書方法をおこなう前に、同じ分野の本を2冊用意してください。「同じ分野」であることがとても重要です。

手順1 「ポイントピックアップ式GSR」（P127参照）で1冊読み切る。

手順2 2冊目の本を読み始める。その際に、1冊目に読んだ本の内容の要点（キーワード）が書かれた部分が、2冊目の本にあるか探していく。いくつか、要点をピックアップしたと思いますが、まずは一つずつおこないます。その際に、目次を見て、どのあたりに書かれていそうかを予測してから、中身を探していきます。

手順 3

2冊目のなかに、1冊目に読んだキーワードやよく似た内容を見つけたら、「共通点」と「相違点」を出していきましょう。これも、ノートやもしくは携帯のメモに残しておきます。

たとえば、「成功者の朝の習慣」というキーワードが両方にあったとします。そのなかで、両方の著者が言っていることとして、「毎朝瞑想をする」があったとしたら、これは共通点としてメモを取ります。

しかし、片方は「朝5時と時間を決めて早起きする」で、片方は「寝たいときに寝て、起きたいときに起きる」だとします。この場合には、相違点としてメモを取ります。

そして相違点が出た場合には、「両者が伝えたいことは何なのか？」「なぜ食い違っているのか？」「各著者は、何を大切にしているのか？」を考えていきましょう。

ここでは、あなたなりの解釈を踏まえながら、意見を入れても大丈夫です。とにかく頭を使って考えることに意味があります。どちらかを否定や肯定をするわけでもなく、あくまで両者の学びを得ていきましょう。

手順4

すべての要点に関して、「共通点」「相違点」を書くことができたら、今度は2冊目に読んだ本を「ポイントピックアップ式GSR」で読んでいきます。まったく逆のことを繰り返します。このときに、1冊目に読んだ本と同じ内容の要点をメモすることはやめてください。違うポイントをピックアップしていきます。

手順5

そして最後に、もう一度自分のジェネラティブ・ステートを感じてください。そのうえで、「私がこの2冊の本から1番学びになったことは、○○です」と一言でまとめてノートに書いてください。

このときに、頭で考えてうまくまとめようとしないでください。

そして、できるだけシンプルにしましょう。

「〇〇で、〇〇だったから、〇〇も大切で、だから……」といったようにつなげるのではなく、一言でまとめてください。

最後は感覚に任せて、出てきた言葉をそのまま書きます。

「なぜこの言葉が出てきたのか？」と、自分でも驚くような言葉が出てくることもあると思います。しかし、いまのあなたにとっては、その潜在意識から出てきた言葉が必ず必要なことです。


この読書法を、「**リンク式GSR**」と言います。

専門知識やノウハウのひも付けをおこない、記憶の定着率を高めていくための方法です。何より、あなたの抽象度の高い思考力を身につけることができるようになります。

この世にはたくさんの本がありますが、この手法をおこなっていると、多くの本が結局同じことを言っていることに気づけます。

しかし、そのなかでも言い方が違ったり、著者の価値観を感じることができ、とても面白いです。知識を深くし、正確に記憶していきたい場合にはおすすめです。

Chapter 4

GSRを活用し、新しいライフスタイルを手に入れる具体的手段

GSRを最強の会議ツールとして活用する

働き方改革というワードが注目を浴びるようになり、数年が経ちました。残業の削減や、生産性の向上に向けてさまざまな政策が出ています。

しかし、一つひとつの業務を洗い出してみても、なかなか減らせる分量もなく、効率化できるものはほとんどなく、結局働く時間は変わらないといったような会社が多くあるのが現状です。

業務のなかで「無駄だなあ」と思う時間の多くが会議の時間です。

生産性の低い会社は、とにかく無駄な会議が多く、長い傾向にあります。

本当にやらなくてはいけない業務の時間に会議が入ってしまうことは多々あることと思います。そして、それが必要なものであればいいのですが、まったく無駄と感じる人のほうが多いのが現状です。

ダメな会議には特徴があり。それはだいたい3つに分かれます。

(1) 目的がない会議

定例会議や報告会議などにありがちなものがこちらです。何か意見交換して決めるべきこともないのに開催する。そして、会議が始まってから内容を共有され、なんとなく会議は進んでいき、聞いていたらいつの間にか終わることがあります。

会議をする際には、「ゴールの設定」をおこなう必要があります。「意思決定をする」「アイデアを出す」「情報共有する」など、何をするのかを明確にする必要があります。

(2) 全員が意見を出すことができる雰囲気がない

日本の会議でよく見かける光景は「会議で本音なんて言えないよね。だってあの上司が……」と言ったような建前ばかりの会議です。まさに、日本の企業が海外の企業に抜かれ、置いていかれている一つの原因です。

この〝意見が言えないような空間〟では、新しいアイデアを浮かべることは難しい。ですので、意見決定やアイデア出しの際に、意見が言いやすい心理的安全がある空間をつくる必要があります。

(3) 会議の時間が長い

毎回「とりあえず1時間」と決めたり、なかなか決めたいことが決まらず2時間、3時間と会議をおこなってしまうことがあったりします。結局座っているだけのような状況だとしたら、意味がありません。時間をこまかく区切って、長くても何時間で終わるかを先に明確にしておくことが必要になります。

この3つが、生産性の上がらない会議の特徴です。

もし、一つでも当てはまる場合は、これから紹介するGSRを用いた会議ツールをお使いください。

基本的な流れとしてはGSRの「速読脳」トレーニングを活用していきます。

手順1 ジェネラティブ・ステートを、会議が始まる前に全員で整える。（P81参照）

手順2 今日の目的（ゴール）と、その目的を達成する理由を決める。

人は目的を設定するだけで、脳がその目的にふさわしい情報をキャッチしていきます。もしくは、その目的に応じたアイデアが出やすくなります。

ですので、最初に目的を設定しましょう。

このときに、今日の会議は、

「①意思決定をする」

「②アイデアを出す」

「③情報共有する」

の3つからどのテーマについて話し合うかを決めます。そして、設定した時間の最後にどうなっていたらゴールなのかを明確にしましょう。

例：「売上アップのための案を10個出す」「イベントの当日のスケジュールの決定

をする」など。

SPトレーニング（P91参照）をおこないながら会話。

この手順3の過程は、アイデアを出すときに有効です。まず、話し合う時間を決めます。何かが決まろうと、決まらない場合であっても、いったん最初に決めた時間で止まってください。

そして、ここで本を活用していきます。

SPトレーニングをしながら、会議の中身について話し合います。本をリズムに合わせて見ながら会話をする、ということです。出た意見に関しては、批判はなく、まず思いついたことを出していきます。

この流れを踏むことによって、いままでにない斬新なアイデアが出る可能性が高まります。なぜなら、脳がネガティブなことを考える余裕がなくなるからです。

頭で考えているだけでは効率が悪く、いいアイデアは思い浮かびません。アイデアが思い浮かぶための状態づくりと環境設定が必要なのです。

そして、話しやすい空間をつくることができます。

上司に何か言われたら嫌だ、下っ端は余計なことは言えない、といったことを考える暇もなくなります。

当たり障りのない発言が減り、思わず本音が出やすい状態となるからです。建前でいることが難しくなるので、ぜひ試してみてください。

また、ファシリテーターの人は、出たアイデアに関しては必ずすべてを受け入れてください。そして、参加者全員が、一つは案を出すことを促していきましょう。

スティーブン・ギリガン博士のジェネラティブファシリテーションを習うと、よりいい会議ができるようになります。

朝起きて5分以内にいい状態をつくり、最高のパフォーマンスへつなげる

「今日は仕事がある」

「あの嫌いな上司に、また怒られるのか」

「たいして意味のない、長い会議が今日もあるのか」

「何時に帰ってこれるだろうか」

朝起きた瞬間に、1日のスケジュールが頭に思い浮かび、ため息が出る。

このような経験が一度でもある、もしくは毎日そうだ、という人は少なくありません。

とくに仕事をすることが苦痛だと思っている人は、よく感じていると思います。

研究によれば、人間のストレスホルモンの大半は、目覚めてから数分のうちに分泌されるとのことです。

1日のことを考えるだけで「闘争・逃走」本能が刺激され、コルチゾールと呼ばれるストレスホルモンが血液中に出ることがわかっています。

朝のスタートがこれでは、仕事の生産性が落ちるのはもちろんのこと、毎日が憂鬱《ゆううつ》となります。そのまま気づいたら、定年の60歳。「毎日嫌な気分を味わいながらよくがんばった」と思えるかもしれませんが、我慢するには長すぎる年月でしょう。

実際に朝、このようなネガティブなことを考えると、脳内にストレスが発生し、1日中ストレスを感じ続けるような脳の性質となっています。朝起きてから5分以内に、このストレスを感じることにより、脳がストレスを終日感じてしまう可能性が高くなります。

しかし、逆を考えてみてください。

朝起きたときにいい状態をつくることができたら、脳はその状態を保持してくれる役割があります。

1秒でも、1分でも長く、一人ひとりが幸せを感じ、ストレスフリーな状態でいることで、仕事の質もプライベートでの人間関係の質も変わります。

最高のパフォーマンスが出せる状態にしておくことで、あなたはまわりから頼られ、仕事の成果を以前よりも上げられるようになります。家族には、仕事の愚痴や疲れた姿を見せることなく、毎日が楽しくやりがいを持って仕事に取り組む姿を見せることができます。

そのために大切なのが、朝のスタートの5分です。

この5分を使っていい状態をつくり、毎日最高のパフォーマンスをするために必要なのが、何度も紹介している「ジェネラティブ・ステート」となります。

これはP81でご紹介した、ジェネラティブを活用した瞑想法です。

呼吸をし、脳内を一度落ち着かせることによって、あなたの脳の状態は大きく変わり、1日の質が大きく変わります。

スティーブン・ギリガン博士は、これを毎日30分やることをおすすめするほど、いい状態をつくることの重要性を語っています。偉人たちは毎朝の習慣として、このような瞑想を取り入れている人たちがたくさんいます。

いまは亡きマイケル・ジャクソン、政界ではビル・クリントン、スポーツ界ではイチロー、ビジネス界ではロバート・キヨサキ、アンソニー・ロビンズといったさまざまな分野のトップたちは、必ずと言っていいほどに毎朝の習慣としておこなっています。

朝起きてから、5分以内に「ジェネラティブ・ステート」をつくりましょう。最初は1分でも、2分でも大丈夫です。あなたのできるペースでやりましょう。

「ジェネラティブ・ステート」以外にも、自分のストレス状態を変化させ、いい状態に変える方法を次の項目でお伝えしていきます。

資格取得や大学受験でGSRを活用する

速読を学ぶ動機として、「資格取得や受験に合格するため」という方も多いと思います。

資格取得や受験では、膨大な教科書の情報を読み、記憶しなければなりません。

では速読は資格試験の勉強に、本当に役に立つのでしょうか？

結論としては、速読だけで資格取得や受験に合格することはできませんが、速読は資格取得や受験の合格にとても役に立ちます。

速読は大量の情報を素早くインプットすることができる手段であって、アウトプット力や記憶力を高めることに直接影響しているわけではありません。

そのため、残念ながら「速読ができるようになる＝資格取得や受験に合格する」という方程式は成り立たないのが一般的です。

そこで、GSRでは、速読を活用して情報を大量インプットするだけではなく、インプットした情報を、五感を活用してアウトプットし、さらに記憶に定着させていくトレーニングプロセスを活用していきます。

これにより素早く大量の情報をインプットし、読書をしたあとにアウトプットしたり、実際に学んだことを活用することができるのです。この能力は資格取得や受験に、大変役に立つスキルとなります。

そもそも、なぜ私たちは仕事中や勉強をする際、集中できなかったり、はかどらない状態になるのでしょうか。

十分に睡眠を取っているし、食事を取っていたとしても、見えない疲労に悩まされて「最近、身体がだるいなぁ」と感じる人は多いのではないでしょうか。

この悩みの原因は、脳の「ワーキングメモリ」が低下していることにより引き起こされます。ワーキングメモリとは、パソコンやスマートフォンの容量（メモリ数）のようなもので、一時的に情報を脳に保持し、処理する能力のことです。

私たちの記憶は、短期記憶と長期記憶とに分類されますが、ワーキングメモリは、その短期記憶よりもさらに短い時間の間に情報を記憶する能力のことを指し、その働きは脳の前頭前野が担っています。

このワーキングメモリが低下した状態だと、なかなか作業に集中できなかったり、うっかりミスが続いたり、記憶力が落ちたりするのです。

逆に、ワーキングメモリを鍛え、さらには余計に使用している脳のメモリデータを解放していくことで、私たちは集中力や記憶力の基礎を高めることができます。

じつはGSRの速読プロセスは、必然的にこのワーキングメモリを鍛えること、無駄な容量を解放することに役立つプロセスとなっています。

このプロセスは、速読のトレーニング中におこなえて、さらに日常生活のあらゆる場面でも効果が高いトレーニングなので、ぜひ実践してみてください。

STEP1：脳の前頭前野を活性化させる

ワーキングメモリの働きを担っている前頭前野は、論理的・合理的に考えたり、記憶したり、感情をコントロールしたり、判断したりする働きがあります。

この前頭前野を活性化させると、速読だけではなく、仕事の処理能力を高めることができるようになります。次のような方法は、前頭前野を刺激して活性化させ、ワーキングメモリの働きを向上させる効果があります。

【1】本に書かれている内容を、記憶する目的を持って読む
【2】読書中に、頭のなかでイメージをつくり出しながら読む
【3】速読をしたあと、印象に残った単語を素早く4つ挙げる

このトレーニングを活用すると、速読で大量の情報をインプットするだけではなく、情報をあとから思い出したり、記憶の定着力をアップさせる効果があります。

毎回の読書後にアウトプットのトレーニングとしてもおすすめです。

STEP2：無駄なワーキングメモリを解放する

効果的に新しい情報をインプットしていくためには、使用済みとなった無駄な古い情報を解放していくことが必要です。

パソコンを使用中に、動きが遅くなったり固まって、強制終了せざるをえない経験をされたことがあるのではないでしょうか。

この問題は、パソコンのソフトやアプリを同時に起動させすぎると起きる問題ですが、メモリが不足してしまい、処理できなくなってしまった状態です。

解決策は、使用済みの不要なファイルを削除したり、使用していないソフトを終了させること。

私たちの脳も同じで、不要な情報や思考を一旦削除し、ワーキングメモリに空きをつくれれば、記憶力や仕事の処理能力をアップさせることができるのです。

ワーキングメモリを解放するには、脳を休息させることが必要です。

脳内が情報過多となり、圧迫された状態は、脳疲労を引きこしている状態となっています。

脳の基礎体力を超えるほどの情報が入ってくると、脳の機能が低下し、集中力や仕事のスピードが低下したり、ミスをしやすくなったりします。

仕事になかなか集中できない、捗《はかど》らないという経験があるのなら、もしかしたら脳疲労を起こしている可能性もあるので、まずは脳を休ませましょう。

そのためには、十分な睡眠を取るということはもちろんですが、それ以外に有効で手軽に実践できる方法があります。

それが、ジェネラティブ・ステートです。

GSRでは速読をする際、必ずジェネラティブ・ステートを整えてから読書します。

そうすることで、日頃から蓄積された脳のストレスや疲労を解放し、心身の状態をリラックスさせることができるのです。

ジェネラティブ・ステートは速読だけではなく、良質な睡眠を取ることや今日1日の活動エネルギーを高めるためにも有効的なので、朝起きたときと夜眠る前にほんの少し時間を取って実践するだけでも効果を実感できます。

これらのトレーニングを活用していくと、速読ができるようになると同時に、日々心と身体をいい状態で保つことができます。

さらには、記憶の定着力を高め、試験のときに勉強してきた内容を思い出すことにも有効です。

とくに資格試験や受験会場のように、緊張を感じやすい場だったとしても、ジェネラティブ・ステートを整えることができれば、あなたは落ち着いた状態で勉強してきた本来の力を発揮できることでしょう。

記憶力向上のために「コミュニティ」を活用する

本を読んだ。暗記をして勉強をした。

その内容を24時間後、どれだけ記憶することができているでしょうか？

内容の30％でも覚えている人がいたら素晴らしいです。しかし、それが1週間、1か月経つと、さらに内容を忘れていき、ごく一部しか覚えていません。

本を読むからには少しでも多く、長く、記憶しておきたいものですよね。

学生時代は、テスト勉強や受験勉強のために、読んだ参考書を記憶しておく必要がありました。

大人になってからでも、商談や営業の際に最近のトレンドや商談相手のことについて詳しく記憶しておくことによって話題が盛り上がり、購買につながるようなケースも多々あります。

たとえば何か人間関係のトラブルがあったときに、ふとしたきっかけで読んだコミュニケーション術の書籍の内容を思い出し、解決に向かうことだってありえます。

わからないことはGoogleで調べるといった時代にはなりましたが、人生において「記憶力」は大事な能力となります。

脳の大前提として、人は見たものや聞いたことをすべて記憶しています。

その記憶したことを、意識に上げることができるかどうかで差が生まれるだけです。

そして、意識に上げやすくし、学んだ内容の定着率を上げるためにおこなう必要があるのが、学んだ内容を「教える」ことです。

人は、学習のスタイルによって定着率が変わります。

次のページの図から見てもわかるように、ただ授業や講演を聴く、本を見て終わる、では定着率は低くなります。そこから、「教える」ことによって、定着率は大きく跳ね上がるのです。

学習のピラミッド

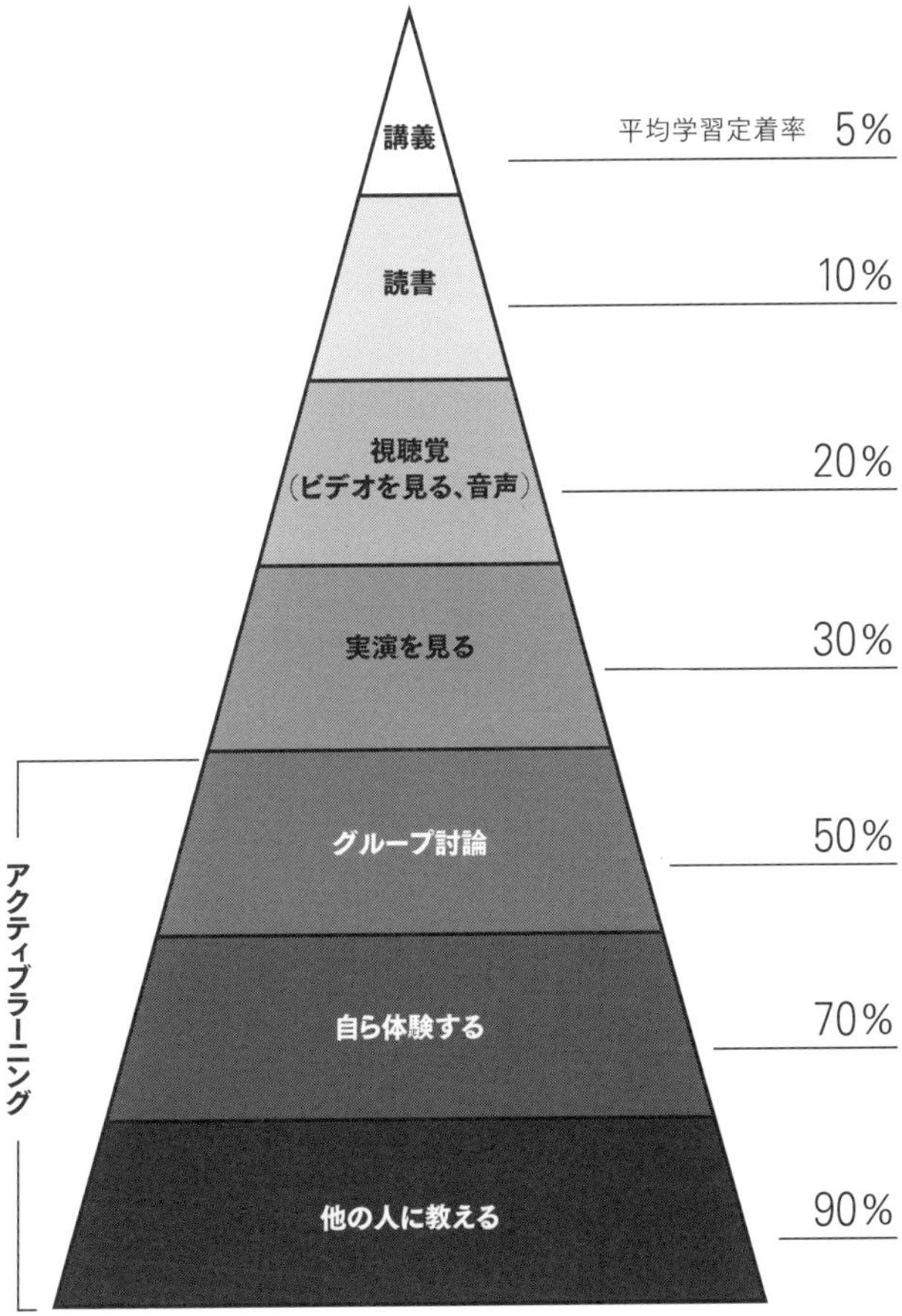
講義
平均学習定着率 5%
読書
10%
視聴覚
(ビデオを見る、音声)
20%
実演を見る
30%
グループ討論
50%
自ら体験する
70%
他の人に教える
90%
アクティブラーニング

私が高校生のときに、同じクラスに数学博士と呼ばれる友人がいました。数学博士はテスト前にとくに勉強をするわけではなく、友だちのわからない問題を聞いてまわっていました。

私は正直、「こいつは数学ができることを自慢したいのか」とひねくれた解釈をしていました。彼は次々と友達の悩みを解決していました。結果として、勉強時間では私のほうが多いにもかかわらず、テストの点数で負けてしまったことに怒りすら感じました。

しかし、私が学習塾のアルバイトを始めたときに、この考えは一変したのです。難関大学を目指す子どもに対して、数学の問題を教えることがありました。得意な箇所ならよかったのですが、自分が高校時代にもよくわからなかった分野を教えることになったのです。

その際に、驚くことが起こりました。苦手意識があったにもかかわらず、「教える」ことを前提に勉強すると、簡単に理解しながら暗記することができたのです。

そして、実際に教えていくことにより、自分の理解度も高まりました。生徒に「わかりやすい」と評価をもらったときに私は気づきました。

「教える」ことを前提に勉強することで、学びの質が高まるのです。「教える」ことによって、話しながら、自分一人では整理しきれていなかったことが整理されていきます。

読書をする際には、アウトプットの一部として誰かに学んだことを伝え、教える。ここまでをセットでおこなう機会を増やすことをおすすめします。

しかし、誰かに教えようにも、誰に伝えていいものか困る人もいることでしょう。

その際に、おすすめなのが「読書会」などのイベントや、コミュニティを活用することです。最近は日本中で読んだ本をシェアし合えるコミュニティが存在しています。私たちもGSRの読書会を各地で開催していますので、気軽にご参加ください。

本を読むだけで終わるのではなく、記憶力を高める。そして、読んだ本の意見交換をすることによって思考力を養える活動が日本各地に広まっています。

現代はシェアの時代です。あなたも、ただ自分で本を読み、完結するのではなく、一人でも多くの人にシェアをしていきましょう。

そうすることで、あなたの読書の可能性はさらに広がります。

学びを目標達成へとつなげるために、五感を活用する

本で得た学びを、ビジネスや人間関係の改善、自己の成長など、さまざまな日常生活の場面で活かすことで、読書をした意味が出てきます。

読書はあなたが「〇〇になりたい」「改善したい」といった目標を達成していくための道具にすぎません。

本からの学びのみでは、「頭では理解しているが、うまく活用することができない」といったことがよく起こります。結果、「結局本を読んでも意味がない」という結論になって、本を読むことをやめてしまう人も大勢います。

これは、じつにもったいないことです。

本を読むことは素晴らしいことです。あなたの学ぶ方法を変え、学びの状態を変えるだ

けで、あなたは学びの効果を何十倍にも上げることが可能となるのです。
そして、それらの知識があなたの「目標達成」をサポートします。
ですので、ここでは本で得た学びを日常生活へ活かす可能性を高める方法を伝えます。
これは、本を読み終え、アウトプットをしたあとにおこなうステップとなります。

STEP1：学びを際立たせる

文章と触れ合ったことによって気づいたことや感じたことを、目をつぶりながら振り返ります。そして、そのなかから記憶にとどめたいことを2〜3個、決めてください。

同時に、ジェネラティブ・ステートを整え、呼吸へゆっくりと意識を向けていきます。

STEP2：ポジティブな未来をイメージする

新しい本からの学びを感じながら、少し時間を取って、未来へとその学びを活かしていく感覚を感じていきます。「明日へ」「来月へ」「来年へ」と、未来を感じていき、想像します。あなたは未来にいるあなた自身を見て楽しむことができます。未来のあなた自身を見て、感じて満たされていくイメージを体験していきます。

STEP3：自分への約束

ポジティブな未来を感じながら、心からの約束を感じます。

あなたが心の底から約束できることは〇〇である（※〇〇には、その本を読んで思い浮かんだ、あなたが実際におこなうことを入れる）、と想像します。心のなかでこの約束を感じながら、いままでとは違った深い人生を毎日送っていきます。あなたがこれから訪れる日々、何週も何か月も先まで、学びと共にいつづけることを願いましょう。

このようなステップを踏んでいきます。

脳はイメージしたことと現実の区別をすることができません。ですので、イメージができるということは、脳のなかでは現実で起きていることとして体験しています。

つまりあなたが学び、その学びを活かしている姿をイメージすることで、あなたが現実にできたことと認識していきます。

よって、何かを強制的にがんばるようなやり方ではなく、自然と自分のイメージから「目標達成」していく可能性がひらけていきます。学びから繰り返していったそのイメージが、あなたのスタンダードとなります。

読書や勉強は終わってからがもっとも重要です。読んで終わりでは、効果は半減します。この3ステップを活用することで、あなたの本から得られる学びが何十倍となり、日常生活のさまざまな場面で活かされていくことでしょう。

「幸福感」と「読書量」は比例する

本を読むことや、勉強することの目的は人それぞれあるでしょう。

人間関係を良好にしたい、お金を稼ぎたい、心のモヤモヤを取りたい。さまざまな目的があると思いますが、それらをまとめていくと、最終的には「幸せになりたい」という言葉にまとまっていくのではないでしょうか。

誰もが幸せになりたいと思っているはずです。

しかし、国連の関連団体が出している156か国を対象とした世界幸福度ランキングによると、2010年代前半は40位台をキープしていた日本が、その後には50位台となり、毎年落ちていく一方となっています。

食べ物に困らず、これだけ平和な国にもかかわらず、順位が低いのは不思議だと言えます。

幸福を感じられない大きな理由の一つとして挙げられるのが、「自由がない」と感じている点でした。

この結果はますます不思議です。大学まで通い、誰しもが働けるような環境があるにもかかわらず、選択の自由がないと考えているのです。

その一方で、毎回ランキングの上位に入っている常連の国にフィンランドがあります。そして、上位はそのフィンランドを中心とした、北欧の国が占めています。

フィンランドが上位をキープしつづける理由はなんでしょうか。経済大国アメリカや中国を抑え、なぜフィンランドなのでしょうか。

その答えは、教育にありました。

どのような教育をしているか。日本とは大きく違う点が3つありました。

（1）テストがない

（2）ノートと鉛筆を使う授業が圧倒的に少ない

（3）読書量がケタ違い（学生の41％が、趣味は読書と答えた）

日本人としては驚く教育法ですよね。

フィンランドでは、テストの点数や順位のために勉強するのではなく、自分のために勉強することを教育の根本としています。

そのために、自分はいま何をしたいのか。何を勉強したいのか、に向き合わされます。その分、留年も当たり前で、責任を問われます。しかし子どもたちは、この自由な環境に満足しています。

理科の授業では実験を多くおこない、近年ではいち早くスマホを活用した教育を導入しました。いかに子どもたちが楽しく、遊び半分で学びを得ることができるかを考えた授業となっています。そのため、フィンランド人は好奇心を持ち「学ぶことが楽しい」というような感情がひも付けされているのです。

そして、読書です。

一人当たりの図書館の数は、フィンランドは日本の7倍です。子どもの頃から圧倒的な読書量です。日本でも、昔から読書はすすめられてきましたが、近年、活字離れが進み、読書量は年々減っていく一方です。

この、日本とフィンランドの差からわかることは、自分自身で好奇心を持ち、情報を取る行動をすること。そして、自分で選択していく決断力があるかないかです。日本人は、小学校、中学校、高校、大学と通って、なんとなく最後に就職する。就職活動になったときに初めて、将来のことについて焦り始めます。

しかし、フィンランドの子どもたちは、常に好奇心を持ちながら自分で選択しているのです。この好奇心と、選択する決断力を身につける際に糧となっているのが読書量です。

読書をすることによって情報をため、選択していく材料が増えます。

この読書量に関しては、大人になったいまでも、誰もが改善することができます。

ジェネラティブであるには、ポジティブな意図を持つことが重要です。

・あなたは何を感じていたいのか？

・あなたは何をしていたいのか？
・あなたは、何を想像したいのか？
明確に、具体的に定めていくことが必要です。
この、ゴールを明確にするために必要なのが知識です。

知識や情報は宝です。良質な情報と触れ合い、そこからあなたが選択する自由を得ていくことで、あなたの幸福感が増していきます。
そのための第一歩が読書なのです。新しいライフスタイルのなかに読書を取り入れることで、幸せな人生を歩んでいきましょう。

Chapter 5

速読や読書に関する、よくあるQ&A

最終章では、
私たちの協会のもとによく寄せられる質問について、
Q&A形式でお答えしていきます。

Q 難しい専門書でも速読することはできますか？

A できます。しかし……。

Chapter 1の「GSRマスターは速読をしない」という項目の内容でも出てきましたが、速読をする際に、

（1）基礎知識の量
（2）本の分野に関する経験量

が影響してきます。

この前提条件を満たさなければいけません。

たとえば、まだ何も知識がない大学の医学部生が、医学に関する専門書を速読することはできません。しかし、医学に関する基礎知識があり、医療経験がある人であれば、同じ専門書であっても速読をすることができます。

このように、専門書など一般的に難しいと呼ばれるような本でも、前提条件によって速読が可能かどうかは分かれます。

基礎知識がない場合でも、速読脳をＧＳＲのトレーニングで鍛えることによって、処理速度自体を上げることができます。それによって、理解度は同じでスピードを速く読むことは可能です。

しかし、速読脳を鍛えていくには、まず簡単な本で練習していきましょう。

「文字が少なめのベストセラー本」は、とても読みやすいつくりになっていることが多いので、トレーニング本としてはおすすめです。

理解度もスピードも高くということは不可能です。前提条件を満たしていきましょう。

Q 小説でも速読はできますか？

A できます。あとは目的次第です。

Chapter 3でお伝えした「ハイパークイック式GSR」を使って、10分で読むことも可能です。しかし、中身の内容を味わいながら感動し、そのストーリーに入りこむところまでには到達しません。その小説の重要となるシーンや、あらすじをつかむことで終わってしまうでしょう。

GSRでは、「ジェネラティブ・ステート」をつくっていくので、そこから何か感情を感じることもできるでしょう。

ですので、あなたの目的によって読み方を工夫していく必要があります。

読み方としては、時間をとくに気にしないでもOKな、「ソマティック式GSR」を使うことをおすすめします。

速読脳をトレーニングすることによって、

「3時間ほどかかっていた本でも1時間で読むことができた」

「理解度や読んでいる感覚は同じで、以前よりもイメージが湧くようになった」

というような感想を述べる受講生は少なくありません。

なので、速読脳をトレーニングしたうえで、小説を以前と同じように読むこともおすすめします。

Q アウトプットはスマホやパソコンでしてもいいですか？

A OKです。しかし、もっともいいのは紙に手書きです。加えて、読む文章もスマホやパソコンよりも紙の本がベストです。

電車で本を読んだり、カフェで本を読んだりする際に、ノートを出せない場面や、そもそもノートを忘れてしまった場面、もしくは書いている時間がない場合もあることと思います。

そのような場合は、スマホやパソコンを使いましょう。

一番もったいないのは、本を読んだあとにアウトプットをしないことです。

アウトプットするか、しないかで記憶の定着率は大きく変わります。

私は、本を読んだあとに、インスタグラムやFacebookに投稿し、アウトプットする習慣を身につけています。

しかし、実際には紙に手書きで書くのがもっとも効果が高いです。

米プリンストン大学のミュラー教授と、カリフォルニア大学のオッペンハイマー教授は、15分程度の動画を学生に見せて、ノートに記録した場合とパソコンに打ち込んだ場合での記憶率の比較実験をおこないました。

結果は、手書きのほうがよく覚えており、かつ、試験結果もよかったということがわかったのです。

理由は、同じアウトプットであったとしても、手書きとパソコンでは、使う脳の領域が違うからです。

手書き中と、パソコンでタイピングをするときの脳の様子をＭＲＩでスキャンした結果、手書きのときだけ、「ブローカ脳」が活性化することがわかりました。

ブローカ脳とは言語処理に関わる脳です。手書きのときの繊細の動きが、脳の記憶率に大きく関わっていることが、このことからわかりました。

よく、スマホやタブレットを使って文章を読むときに速読はできるか？　と聞かれることがありますが、同じ理由で、紙の本のほうが効果は高いと言えます。

ただ、一番はアウトプットすることが目的です。

無理のない範囲で、継続して読書をすることです。あなたにとって、快適に読書ができるスタイルを見つけていきましょう。

Q 雑誌や、図・イメージが多い本は速読できますか？

A できないことはないですが、不向きです。

速読をするときに大切になってくるのが、リズムです。リズムよく本をめくっていくことで、内容を理解することとつながっていき、スピードが速い状態で次に進めることができます。

その際に、雑誌のように写真が多かったり、図が多いような本だと、その部分に目がいってしまいリズムが崩れがちとなります。

かといって、図などが出てくる本は速読できないかと言うと、そうではありません。多すぎると速読には不向きである、ということです。

Q

集中している状態がつくれているか、わからないです。どうしたらわかりますか？

A

状態をつくる前と後の変化を感じてください。

Ｐ81のジェネラティブ・ステートを活用することで、集中状態をつくることができます。ここで、「できているかどうかがわらない」といった質問をよく受けます。

その場合は、状態をつくる前と後の変化を感じてみてください。何か落ち着いた感じがある、リラックスした身体がスッキリした感覚がある、といったような身体や心の変化が少しでも感じられたら、それで大丈夫です。

もしくは、点数をつけていくのもいい方法です。

とてもいい状態を10とし、とても悪い状態を0としたときに、0～10のどの状態に自分がいるかを感じます。

そして、ジェネラティブ・ステートを整えたあとに、再び0〜10のどの状態に自分がいるかを感じてみましょう。

もし、まだ数値に変化がない場合は、ゆっくりと深呼吸をしながら、呼吸に意識を向けていきましょう。

明確に「これが集中状態です」といった指標はありません。

スティーブン・ギリガン博士は、このように言っています。

「毎日ジェネラティブ・ステートを整えることによって、よりよい状態づくりができるようになっていく」

これは、トレーニングと一緒です。

やればやるほど、あなたの集中状態は増していきます。深まれば深まるほど、いままでには感じたことないような感覚や不思議な体験が待っています。

そんな体験を楽しみながら、日々のトレーニングに励んでいきましょう。

Q 速読の能力は落ちることはありませんか？

A 落ちます。ある段階まで能力を伸ばす必要があります。

脳には、「可塑性《かそせい》」と呼ばれる特性があります。

どのような仕組みかというと、よく使われる脳の神経回路は処理効率を高めるためにつながっていき、使われない神経回路は処理効率を下げるために切れていくというものです。

脳の神経回路がつながっていくには、ある程度時間がかかります。

ですので、GSRのトレーニングをおこない、読むスピードが速くなっても、その後に速読をやめてしまったり、精読や熟読だけでゆっくりと読んでいくと、元に戻っていきます。

脳の処理速度を上げて、継続してGSRをすることによって、定着していきます。

自転車と同じように、確実に乗れることができたあとはもう乗れなくなることはありません。久しぶりに乗ると少し怖いなと感じたり、ふらつくことはあると思いますが、すぐに乗れるようになります。これは「手続き記憶」と呼ばれるものです。

「速読脳」の神経回路がつながり、いつでも速いスピードが当たり前の状態となります。速いとは自分ではあまり感じず、速いのが通常のスピードとなります。

能力を落とさないためには、

「ある一定以上の処理速度を超える」

「継続する」

この2点が大切な要素となってくるのです。

最後までお読みいただき、誠にありがとうございます。

速読法「GSR」は「生成的速読法」とも言えるものです。

いま、あなたは人生を大きく変える可能性を手に入れました。

この本があなたの学びや成長の強力な武器になります。より豊かで充実した人生への扉を開くきっかけとなることを、心から信じています。

2019年の初版から5年。私の中で「時間」＝「命」という信念は、ますます強固なものとなりました。というのも2020年、新型コロナウイルスに罹患し、高熱に耐えた経験がそれを裏づけしています。

痛みの続く中、寝床で「人生、結局どう生きたかだなぁ」と考えていました。コロナから回復後も、以前の7割程度の仕事しかできない状態が続きました。仕事に復帰した後も、すぐに疲れてしまい、元気なときの7割程度の仕事しかできませんでした。

体力まかせの働き方はできなくなり、強制的に働く時間が短くなったのです。

しかし、時間がないからといって諦《あきら》めるのは納得がいかない。

そこで、私の出した結論は、短時間で成果を出すには脳の力をアップするしかない。

私には脳を変容させる方法がある。まさに、GSRが私を救ってくれたのです。

「GSR」は具体的かつ実践的なツールです。

あなたの時間の使い方を根本から変えることができます。脳の変化は科学的に裏づけられており、年齢に関係なく、処理能力を向上させることができます。

おかげさまで、その後だんだんと体力は回復し、いまでは元気に走りまわれるようになりました。この5年間、私自身が一番の実験台となって脳力の向上に励《はげ》みました。その結果、「頭すごくいいですね」「頭の回転がすごい」「言語化能力がすごい」と、日常的にお褒めの言葉をいただけるようになりました。以前の私からは想像もつかないことです。

「10分間読書サロン」を運営していますが、そこでは、多くの参加者から成功談が集まっています。本書を読んだあなたも、ぜひ一度トレーニングに参加してみてください。共に成長の喜びを分かち合いましょう。

ここまでの成長の歩みを支えてくれた方々に、心から感謝を申し上げます。

ジェネラティブの世界を教えてくれたスティーブン・ギリガン博士、研修の機会を提供してくださった丸ヨ建設工業株式会社の皆様。GSRの実践者、菱山さん、伊藤さん、島田さん、本図さん、山本さん、そしてサロンメンバーの皆様。皆様の脳力と成果には頭が下がります。今回、新装版の出版にあたり、きずな出版の櫻井秀勲先生には多大なるご指導と啓示をいただきました。また、きずな出版の岡村季子社長にもさまざまなアドバイスとサポートをいただきありがとうございます。また、朝夕、GSRオンライントレーニングを提供している中、公私共に私を支えてくれている浦地奈央には特別な感謝の意を表します。そして、GSRを支えてくれたスタッフ、協会のメンバー、RTO、WCPの仲間たち、皆様の献身的なサポートなくして、ここまでの成果を上げることはできませんでした。最後に、何よりも本書に価値を見出してくれたあなたに感謝を送ります。

さあ、いますぐ行動を起こしましょう。

本書を読んだあなたは、次のステップに進む準備ができています。

読みたかった本は何ですか？

読めなかった本は何ですか？

命の時間は有限です。しかし、GSRを身につけることで、その限られた時間を最大限に活用し、より創造的に生きることが可能になります。

いまだからこそ、人生を変える新しい習慣を始めるときです。

あなたの成長を心から応援しています。

新しいあなたの誕生を、心からお祝いいたします。

いまこそ、あなたの無限の可能性を解き放つときです。

GSRとともに、あなたの輝かしい未来へ。

GSR協会理事
浦地純也

著者略歴

一般社団法人ジェネラティブスピードリーディング協会

2019年7月1日にGSRを広げるために発足。本協会はAI全盛の時代へと突入しようとしている現代において、真に活躍する人に備わっているのは「思考力+創造性」であると考えている。こうした時代背景のなかで、個人と社会が直面する問題を解決していくため、IAGC（国際ジェネラティブチェンジ協会）代表で、スタンフォード大学心理学博士のスティーブン・ギリガン博士と、NLP四天王と言われるロバート・ディルツ氏によって開発された実践的で多様性の高い「瞑想状態」を、GSRでは用いる。
この、いままでにはない新しい速読法を使い、定期的に講座や読書会を各地でおこなっている団体である。

＜理事紹介＞
大森健巳（おおもり・たけみ）
インターナショナル・スピーカー。国際ジェネラティブチェンジ協会ディレクター。一般社団法人ジェネラティブスピードリーディング協会理事。特定非営利活動法人日本交渉協会 特別顧問。ワールドクラスパートナーズ株式会社代表取締役。
スティーブン・ギリガン、ロバート・ディルツ、アンソニー・ロビンズ、ジェイ・エイブラハム、ロバート・キヨサキなど、世界的に有名な講師とともに舞台に上がりセミナーをおこなう。理論面と心理面からアプローチし、政治家、起業家、医師、弁護士、教員、アナウンサー等に指導し影響を与える。クライアントは短期間で変容し「人生が変わった」と口々に言う。現在世界9カ国でビジネス・マスターマインド・グループを展開中。
著書に『なぜあの人が話すと納得してしまうのか?』（きずな出版）、『仕事の教科書』（徳間書店）がある。

浦地純也（うらち・じゅんや）
2013年、高知大学で理科教員免許を取得し、卒業。その後、高校で2年間理科教師として働く。速読に出会い、感銘を受け、2015年4月に速読インストラクターとして独立。愛知県で速読教室と学習塾を開校する。3年間で400人以上に指導をおこなう。この3年間で「速読を身につけるのに限界がある」という悩みが出てきていた矢先に、スタンフォード大学スティーブン・ギリガン博士と出会う。その後、2018年7月にワールドクラスパートナーズ株式会社と、新しい速読メソッド「GSR」を開発し、2日間の講座のトレーナーとして活動している。

［新装版］人生を変える速読法「GSR」

2019年8月1日　初版第1刷発行
2024年12月10日　新装版第1刷発行

著　者　一般社団法人ジェネラティブスピードリーディング協会

発行人　櫻井秀勲
発行所　きずな出版
東京都新宿区白銀町1-13　〒162-0816
電話03-3260-0391　振替00160-2-633551
https://kizuna-pub.jp/

印刷・製本　モリモト印刷

ISBN978-4-86663-260-5

きずな出版

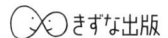

\\ いますぐチェック //

人生を変える速読法「ＧＳＲ」
― 読者特典 ―

本書をお読みいただいたみなさまへ

Ｐ９１でご紹介した「速読脳」へ

アップデートするためのトレーニング

「ＳＰトレーニング」の動画をもれなくプレゼント‼

▼こらちにアクセス▼

https://www.generative.jp/sptr

動画はＷＥＢ上で公開するものであり、

DVD などをお送りするものではありません。

あらかじめご了承ください